dtv

4,—

Als Grace Jackson ihre Therapie bei dem Psychoanalytiker Fayek Nakhla beginnt, kämpft sie gegen das Gefühl an, nicht zu existieren. Nach vielen Monaten verwirrenden Schweigens während ihrer Sitzungen legt sie eine psychotische Regression an den Tag, die sich in Aggressionen und Selbstverstümmelung äußert. Die Therapiemethode Nakhlas, die auf den britischen Psychoanalytiker D.W. Winnicott zurückgeht, folgt dem für beide Seiten nicht ungefährlichen Kurs, Grace ihre Regression in vollem Umfang zu erlauben, um eine Neugeburt ihres Selbst zu ermöglichen. In diesem Buch sind die ersten drei Jahre dieser Therapie festgehalten, wechselweise erzählt jeweils aus der Sicht der Patientin und der des Therapeuten. Der Bericht endet damit, wie Grace aus ihrer Psychose aufzutauchen beginnt und ganz allmählich ihr eigenständiges, ganzes Ich wahrnehmen kann. Zum ersten Mal liegt hiermit ein Therapiebericht vor, der den äußeren Behandlungsverlauf, das Ringen des Therapeuten um Verständnis für extreme mentale Konflikte und einen Schlüssel zur Heilung sowie das emotionale Erleben dieses therapeutischen »Abenteuers« von beiden Seiten nachvollziehbar macht. »Nakhla und Jackson zeigen außergewöhnlichen Mut, sowohl in der Therapie selbst als auch mit dieser Veröffentlichung. Sie wird sich für all jene unschätzbar erweisen, die Patienten mit einer Psychose behandeln.« (A. H. Modell, Harvard Medical School)

*Fayek Nakhla* ist Psychoanalytiker, Mitglied der British Psycho-Analytical Society und klinischer Berater für Psychiatrie des Health Science Center der State University of New York in Brooklyn. Er führt eine eigene psychotherapeutische Praxis in New York, wo er auch lebt.
*Grace Jackson* ist das Pseudonym der Patientin von Nakhla, die heute, ebenfalls in New York, als freie Schriftstellerin und Verlagslektorin tätig ist.

Fayek Nakhla, Grace Jackson

# Ich bin tausend Scherben

Innenansichten einer Psychotherapie

Aus dem Amerikanischen
von Tatjana Kruse

Deutscher Taschenbuch Verlag

Deutsche Erstausgabe
Juli 1997
Deutscher Taschenbuch Verlag GmbH & Co. KG,
München
© 1993 Yale University Press
Titel der amerikanischen Originalausgabe:
Picking up the pieces. Two accounts of a psychoanalytic
journey
Yale University Press, New Haven and London 1993
ISBN 0-300-05653-2
© der deutschsprachigen Ausgabe:
1997 Deutscher Taschenbuch Verlag GmbH & Co. KG,
München
Umschlagkonzept: Balk & Brumshagen
Satz: Design-Typo-Print, Ismaning
Druck und Bindung: C.H. Beck'sche Buchdruckerei,
Nördlingen
Printed in Germany · ISBN 3-423-35134-9

# Inhalt

In der Psychologie heißt es, daß ein Kleinkind buchstäblich in Stücke fällt, wenn es nicht gehalten wird, und körperliche Fürsorge bedeutet in dieser Phase psychologische Fürsorge.

*Donald W. Winnicott: Die menschliche Natur*

Für Graces Eltern, ihre Schwestern und ihren Ehemann

# Vorwort von Joyce McDougall,
## Psychoanalytische Gesellschaft, Paris

Dieses Buch ist in seiner Art einzigartig. Es bringt in voller Länge zahllose Fallstudien von Klienten, die an einer Geisteskrankheit leiden, und darüber hinaus einige veröffentlichte Berichte über die Zusammenarbeit von Klient und Therapeut. In diesem Buch erzählen nicht nur der Analytiker und die Analysandin aus je eigener Sicht die Geschichte ihres gemeinsamen Abenteuers, es bietet auch einen detaillierten klinischen Bericht des Behandlungsverlaufs.

Die Leserinnen und Leser werden nicht nur durch die lebhafte und fesselnde Erfahrung von Grace Jacksons psychischem Leiden und Grauen geführt, sondern auch durch Fayek Nakhlas Kummer und Verwirrung bei seinem Versuch, die extremen psychischen Konflikte seiner Klientin zu verstehen und sich damit zu identifizieren.

Da Grace ständig Tagebuch führte, erhalten wir einen außergewöhnlichen Einblick in ihre innerste Welt. Sie besitzt die eindrucksvolle Fähigkeit, ihre sie beängstigende mentale Verwirrung nachvollziehbar und in allen Einzelheiten zu beschreiben.

Gleichzeitig gelang es Dr. Nakhla – ihrem stets verständnisvollen und sich der eigenen psychischen Belastung bewußten Therapeuten –, nachdenklich stimmende und sorgfältig recherchierte Aussagen über das komplexe klinische Phänomen zu treffen, das er bei seiner Klientin erlebte.

Die schöpferische Art der Auseinandersetzung zwischen Grace Jackson und Fayek Nakhla könnte einige Kliniker sehr wohl zu der Frage führen, ob das zutiefst feinfühlige therapeutische Abenteuer der beiden wirklich als Psychoanalyse zu bezeichnen sei. Es liegt auf der Hand, daß die üblichen analytischen Methoden zur Behandlung von neurotischen Zuständen und Symptomen völlig unzulänglich gewesen wären für den präobjektionalen Verschmelzungszustand, wie ihn Grace erlebte, bei dem Gewaltakte und Selbstverstümmelung wesentliche Mittel der Kommunikation sind.

Die emotionale Reaktion des Analytikers auf die stumme Leidensbotschaft seiner Klientin veranlaßte ihn, seine eigene Gegenübertragungserfahrung genauestens zu prüfen und intuitiv der schwierigen Aufgabe zu begegnen, die Bedeutung ihres überwältigenden psychischen Leidens einzuschätzen und zu interpretieren.

Dank dieser beiden Innenansichten einer Psychotherapie liegt uns jetzt ein genaueres Bild der therapeutischen Beziehung als solcher und der Verstrickungen von Übertragung und Gegenübertragung vor. Die Leserinnen und Leser werden von der Offenheit der beiden beeindruckt sein, die ihnen den großen Kummer und die dazugehörende tiefgreifende Lernerfahrung sehr nahebringt.

Dr. Nakhlas faszinierende Kreativität zeigt sich unter anderem daran, daß er seine umfassende Erfahrung mit der Familientherapie in die Behandlung mit einfließen ließ: In einem entscheidenden Augenblick führte er einige von Graces Familienangehörigen ein. Somit waren etwa Mutter und Tochter in der Lage, in eine neue Beziehung zu treten, die auf gegenseitiger Wertschätzung und gegenseitigem Verständnis basiert.

Dieses Buch ist ein wichtiger Beitrag zur Forschung, weil der Analytiker sich von herkömmlichen psychoanalytischen Methoden entfernen mußte, wobei er nicht nur vermeidbare Irrtümer auf sich nahm, sondern auch das Risiko, die körperliche Unversehrtheit seiner Klientin für ihr physisches und psychisches Überleben aufs Spiel zu setzen. Die Leserinnen und Leser werden den Mut und die Hingabe von Dr. Nakhla bewundern, ebenso sein hohes Maß an Können und Selbstdisziplin. Niemals kam es zu einer Verletzung ethischer Werte, zu Mißbrauch oder Ausbeutung seiner Klientin.

Desgleichen lernen wir Grace Jacksons Kampf gegen den Schrecken ihrer Psychose hochzuachten, und wir bewundern dabei ihre Ausdauer und ihren Mut, mit dem sie ihre schmerzliche psychoanalytische Reise immer wieder fortsetzte. Darüber hinaus zeigen beide beträchtliche literarische Fähigkeiten, wenn sie die schonungslose Erforschung ihrer Gefühle während dieser anspruchsvollen und herausfordernden Erfahrung beschreiben.

Abgesehen von dem Reiz dieses Buches für jeden Leser, besitzt es zweifelsohne großen Wert für Fachleute. Es ist nicht nur eine außergewöhnliche Ergänzung zu dem wachsenden Berg an Forschungsliteratur zur Problematik und zur Behandlung von Patienten mit schwerwiegenden regressiven und psychotischen Zuständen, es ist gleichzeitig ein Beitrag zu einem tieferen Verständnis der unbewußten Phantasien und Ängste, die weniger extremen pathologischen Ausprägungen zugrunde liegen. Dieser einzigartige Bericht könnte in der Tat den innersten Kern des Wahnsinns in uns allen erhellen.

# Die Geschichte diese Buches
*(Fayek Nakhla)*

Grace Jackson[1] war ein hochintelligentes, frühreifes Kind. Ihre Eltern und Lehrer hielten sie für vorbildlich. Doch schon als ganz kleines Mädchen spürte sie, daß mit ihr »etwas nicht stimmte«, und mit der Zeit merkte sie, daß sie Schwierigkeiten mit ihrer Identität hatte. Sie fühlte sich als Person nicht existent und irgendwie irreal. Mit Mitte Zwanzig wandte sie sich in ihrem Versuch, sich selbst zu finden, an die Psychoanalyse. Dieses Buch ist die Geschichte der ersten dreieinhalb Jahre ihrer Behandlung, die 1973 begann und insgesamt sechzehn Jahre dauerte. Der Bericht endet damit, wie Grace aus ihren Kämpfen auf Leben und Tod und der tiefen Regression auftaucht und ganz allmählich ein wirkliches und eigenständiges Ich wahrzunehmen beginnt.

Die Niederschrift begann 1988, im letzten Jahr ihrer Behandlung, und bildete einen wichtigen und integralen Bestandteil ihrer Therapie. Im Frühling jenes Jahres zeigte ich Grace eine Abhandlung in italienischer Sprache: ›I precursori dell'oggetto e dei fenomeni transizionali‹ (Merkmale transitionaler Objekte und Phänomene). Ich hatte diese Abhandlung von der Analytikerin Renata Gaddini erhalten und bat Grace, einen Brief von Winnicott zu übersetzen, der zum Anhang dieser Abhandlung gehörte. Sie hatte ein paar Jahre lang Italienisch gelernt und war nur zu gern dazu bereit. Dann wollte sie wissen, warum ich diese Abhandlung gelesen hatte. Ihre Frage überraschte mich, und ohne darüber nachzudenken, antwortete ich ihr, daß ich versuchen wollte, das Aufschneiden ihrer Pulsadern und das Blut als transitionale Objekte zu verstehen. Ich erzählte ihr von Gaddinis Theorie über die Merkmale transitionaler Objekte – der Sicherheitsdecke eines Kindes. Grace wurde neugierig und schlug vor, die ganze Abhandlung zu übersetzen, nicht nur den Brief. Sie fragte mich, ob ich Bücher von Winnicott zum Einlesen hätte, die ihr für die Übersetzung nützlich sein konnten, und ich gab ihr ›Vom Spiel zur Kreativität‹.

Als Grace erkannte, daß ich versuchen wollte, Aspekte der klinischen Erfahrung aus theoretischer Sicht zu verstehen und zu formulieren, war ihr Interesse geweckt. Sie fragte: »Was ist geschehen? Als ich das erste Mal zu Ihnen kam, hatte ich das Gefühl, keinen Körper zu haben. Jetzt glaube ich, daß ich einen habe. Wie ist das gekommen? Ich denke, es steht alles in meinem Tagebuch. Aber wie kann man diesem Prozeß einen Sinn verleihen, ihm eine Form geben?« Ich hakte nach. Wollte sie wirklich verstehen, was geschehen war? Sie sagte: »Natürlich, es sei denn, Sie sind anderer Ansicht.« Ich war überzeugt, daß es nützlich für sie sein würde, und auch, daß sie in der Lage war, mir all die Dinge zu erzählen, die ich nicht verstand oder derer ich mir nicht bewußt war. Schließlich, so sagte ich ihr, sei es in Wirklichkeit ihre Erfahrung.

Das brachte mich erneut auf eine verlockende Idee, die ich schon früher gehabt hatte, nämlich über Grace und unser therapeutisches Abenteuer zu schreiben. Drei Jahre zuvor hatte ich die französische Analytikerin Joyce McDougall konsultiert – um mit ihr über Graces Fall zu diskutieren, der so offensichtlich eine ungewöhnliche klinische Erfahrung war. McDougall war sofort interessiert. Sie ermutigte mich, darüber zu schreiben, denn sie wußte, daß ich detaillierte Aufzeichnungen gemacht hatte. Mir schwebte ein Zeitschriftenartikel vor, doch als wir uns an die Bearbeitung meiner Notizen machten, meinte sie, es sei vielleicht einfacher und sinnvoller, ein Buch zu schreiben, als zu versuchen, die Erfahrung zu reduzieren und Auszüge davon in einem Artikel zusammenzufassen.

Danach dachte ich über ein Buch nach, allerdings mußte es ein Buch sein, das Grace und ich zusammen schreiben würden. Mehr noch, in meiner Vorstellung war es im Grunde Graces Buch, zu dem ich auf irgendeine Weise beitragen würde. Sie hatte jahrelang ausführlich Tagebuch geführt, und ich hatte immer schon gedacht, sie könnte dieses Material eines Tages verwenden, um ihre Erfahrungen zu veröffentlichen.

Ich fand Gefallen an der Idee, mit ihr zusammenzuarbeiten und gemeinsam zu verstehen, was geschehen war. Daher schlug ich Grace vor, getrennt darüber zu schreiben – ich würde auf meine Aufzeichnungen zurückgreifen und sie auf ihr Tagebuch. Um dem Ganzen einen festen Rahmen zu geben, teilte ich die ersten Jahre in vier Phasen auf. Wir haben uns vorgenommen, uns auf die ersten dreieinhalb Jahre der Behandlung zu beschränken – die Zeit, in der die Regression stattfand.

Zuerst trafen wir uns weiterhin zweimal die Woche in meiner Praxis. Obwohl ich mit dem Schreiben immer das Buch verband, hatte ich darüber hinaus das Gefühl, daß es auch von therapeutischem Nutzen sein könnte. Es war einerseits ungeheuer aufregend, die Berichte der ersten und turbulenten Phase der Behandlung miteinander durchzugehen, andererseits aber auch beängstigend, und es brachte – als wir zurücksahen – ein Gefühl des Verlustes für uns beide mit sich. Ich befürchtete, daß das erneute Durchleben dessen, was sie durchgemacht hatte, Grace beunruhigen und ihr ernsthaften Schaden zufügen könnte. Es stellte sich jedoch heraus, daß ich derjenige war, der weitaus größere Probleme damit hatte. Viele Dinge waren in meiner Erinnerung schmerzlich oder furchterregend, und ich war oft selbst nahe daran, in Tränen auszubrechen. Ich erkannte natürlich, daß ich mir diese Emotionen jetzt nur deshalb leisten konnte, weil ich die Sache heil überstanden hatte – trotzdem war ich überrascht.

Ursprünglich hatte ich mir die Niederschrift als Endphase der Therapie vorgestellt und es für wichtig erachtet, die Behandlungssituation als Rahmen beizubehalten. Im Laufe der Monate fand ich unser gemeinsames Arbeiten immer befriedigender und war immer weniger überzeugt von der Notwendigkeit, die Behandlung fortzusetzen. Ob Grace wohl ähnliche Gefühle zum Ausdruck brachte, als sie mir einen Scheck überreichte und dabei die Widmung aus Winnicotts ›Vom Spiel zur Kreativität‹ zitierte: »Meinen Patienten, die mich dafür bezahlen, daß ich von ihnen lerne.«

Ich beschloß, das Ende der Behandlung zur Sprache zu bringen. Wir würden eine andere Beziehung haben, erklärte ich ihr, wir würden zusammen arbeiten und schreiben, und sie müßte mich nicht länger bezahlen. Grace sagte: »Was für eine radikal neue Vorstellung. Dieser Gedanke ist mir nie gekommen. Das Ende der Behandlung und die Niederschrift der Geschichte waren für mich eng miteinander verbunden, waren eins.« Dennoch erzählte sie mir später, daß »es genau das war, was ich mehr als alles andere wollte«. Ich erwiderte: »Sie müssen schon einmal an das Ende der Behandlung gedacht haben.« – »Ja, nach Abschluß des Buches, aber das hier macht auch Sinn.« Ich sagte ihr, daß Therapien nun einmal enden, und fügte hinzu, daß zwar für gewöhnlich die Klienten dieses Thema anschneiden, die Entscheidung jedoch auf Gegenseitigkeit beruhe. Normalerweise würde ein fester Termin vereinbart, einige Monate später. Ob sie einen Termin wollte? Grace meinte, es erschiene ihr sinnlos, über eine Fortsetzung oder eine Beendigung der Sitzungen zu diskutieren und einen scheinbar willkürlichen Termin festzusetzen. Sie schlug vielmehr vor, einfach den Versuch zu wagen und aufzuhören.

Ich war damit einverstanden, und wir beschlossen, uns aus praktischen Gründen – sie besaß beispielsweise einen Computer, mit dem wir arbeiten konnten – eine Woche später in ihrem Haus zu treffen. Unsere Beziehung und ihr Bezugsrahmen veränderten sich dadurch abrupt. Der Kontext der Beziehung vergrößerte sich, und in gewisser Weise wurde er komplexer: Jetzt kommunizierte Grace mit mir als einer ganz gewöhnlichen Person in einer ganz gewöhnlichen Lebenssituation.

Obwohl der Behandlungsbericht die Veränderungen ausdrückt, die sich in mir vollzogen als Reaktion auf die intensiven Gefühle und Ängste, denen ich erneut begegnete, und von den Veränderungen in den klinischen Konzepten, die meine Arbeit bestimmten, zeugt, kristallisierten und konkretisierten sich viele meiner Ideen erst während der Niederschrift des Buches. Ich verstand zunehmend, daß ich in der analytischen Beziehung in erster Linie ein reales Objekt gewesen war, kein Objekt der Übertragung. Es gab eine neue Objekt-Beziehung und einen neuen Anfang, bei dem Aspekte der Bedürfnisse und Konflikte aus der frühesten Phase neu erschaffen wurden. Ich war »das erste wirklich vertrauenswürdige Objekt« (Reich, 1958), und wie Bergmann (1988) in seiner Schrift zur Beendigung der Analyse sagt, nimmt das Bild des Analytikers für den Klienten eine Bedeutung ähnlich der Bedeutung der Eltern an.

Für Grace bedeutete die Arbeit an diesem Buch, daß ihr Traum – in dem jemand ihr Tagebuch liest, es versteht, ihr daraufhin sagt, wer sie ist – Wirklichkeit wurde. Genau das machte ihr jedoch auch angst: »Was, wenn das, was mein Leser in meinem Tagebuch sieht, nicht ich bin, nicht die Person ist, für die er mich hielt? Was, wenn ich ihm ein völlig falsches Bild von mir vermittelt habe? Was, wenn das, was ich geschrieben habe, nicht ›richtig‹ war?«[2]

Aber am Ende meinte sie zu der Niederschrift:

»Das ›Ich‹, das ich bei der Lektüre meines Tagebuchs sah, schien verrückt, außer Kontrolle – und das auf eine Art und Weise, die ich zu jener Zeit nicht erkennen beziehungsweise nicht verstehen konnte. All das neu zu durchleben fiel mir oft schwer: Ich war es, und ich war es doch nicht.

Verblüffend und völlig neu für mich war, als der Doktor mir sagte, daß es eine Struktur und einen Kontext für meine Erfahrung geben könnte. Ich war als Person und mit meiner Geschichte nicht isoliert, all das war außerhalb meiner selbst nicht bedeutungslos und geschah auch nicht zufällig, sondern hatte einen Handlungsstrang und konnte anderen möglicherweise mitgeteilt werden.

Mir wurde auch die Hingabe des Doktors bewußt, ich erkannte, wie sehr ich von ihm gehalten worden war. Die Niederschrift des Buches schien mir einen psychischen Halt zu geben im Gegensatz zu den Jahren des physischen Halts. Er hatte einmal von all dem gesprochen, ›was wir gemeinsam durchgestanden haben‹. Damals ergab das für mich keinen Sinn. Heute begreife ich es allmählich und weiß es zu schätzen.«[3]

Ungefähr sechs Monate nach Beendigung unserer Sitzungen in meiner Praxis war der erste Entwurf der ersten Hälfte des Buches fertig. Viereinhalb Jahre nach meinem ersten Treffen mit Joyce McDougall traf ich sie erneut und übergab ihr eine Kopie des Manuskripts. Ich erinnerte sie daran, daß sie es gewesen war, die mir vorgeschlagen hatte, ein Buch zu schreiben. »Hier ist es«, sagte ich.

# Prolog
## *(Fayek Nakhla)*

Grace marschierte bei unserem ersten Treffen in meine Praxis und überreichte mir – kaum, daß sie mich dabei ansah – einen Brief ihrer früheren Analytikerin, Dr. P., einer alten Kollegin und Freundin von mir. Grace hatte mich bereits telefonisch verständigt, daß sie aus London zurück nach New York gezogen und von Dr. P. an mich überwiesen worden sei. Sie schien sehr daran interessiert, mich baldmöglichst zu sehen, und ich freute mich auf eine interessante Klientin und eine Kontaktaufnahme mit einer früheren Studienkollegin. Dr. P.s Notiz war kurz und persönlich gehalten. Sie hatte Grace seit mehreren Monaten psychotherapeutisch betreut und hielt Grace für »intelligent, sensibel, talentiert und verständig«.

Grace war zerbrechlich und dünn und sah aus wie ein Junge. Sie wirkte schüchtern und distanziert, sprach mit leiser Stimme und war in Ausdruck und Verhalten so zurückhaltend, daß kein anderes Gefühl als das eines allgemeinen Unbehagens zu erkennen war. Sie schien nur sehr zögernd über ihre Probleme beziehungsweise ihre frühere Behandlung sprechen zu wollen, und schließlich ergriff ich die Initiative. Dennoch vermittelte sie irgendwie Vorfreude darüber, daß sie ihre Therapie mit mir fortsetzen würde. Ich akzeptierte diese Entscheidung ohne weiteres Nachforschen – gerne übernahm ich eine Behandlung, die von einer vertrauenswürdigen Kollegin begonnen worden war. Wir kamen überein, uns einmal die Woche zu treffen, wie sie es mit Dr. P. getan hatte.

Bei unserem nächsten Treffen schwieg Grace. Dieses Schweigen setzte sich achtzehn Monate lang fort. Grace wird jetzt ihre Geschichte erzählen und Einblicke geben in die Gründe für ihr zwanghaftes Bedürfnis zu schweigen. Natürlich erfuhr ich ihre Geschichte aber erst sehr viel später in unserer Arbeit.

# 1 Graces Geschichte
## (Grace Jackson)

### Ein vollkommenes Kind

Ich war, soweit ich mich erinnern kann, immer die Älteste. Das Gefühl, das ich mit meiner Kindheit in Verbindung bringe, ist das des Aufpassens: Ich passe auf meine Mutter auf, auf meine fünfzehn Monate jüngere Schwester Eleanor, ich halte die Familie zusammen. Als ob alles von mir abhinge. Ich kann mich nicht an die Zeit vor Eleanors Geburt erinnern: Es ist, als ob wir zusammen geboren wären. Ich erinnere mich, wie ich (ich war fast vier Jahre alt) mit Eleanor auf unsere Mutter wartete, die mit Martha aus dem Krankenhaus kam – wieder jemand, auf den ich aufpassen mußte, wenn auch nicht so wie auf Eleanor und meine Mutter: Ich mußte Windeln wechseln, die Flasche halten. Als Älteste hatte man auch gut zu sein: umgänglich, hilfreich – einer meiner Spitznamen war »Easy«, ein anderer »Perfect«. Gut zu sein bedeutete auch immer, glücklich zu sein. Eleanor durfte einen Wutanfall bekommen, ich nicht. Wir kamen sehr früh in die Vorschule; ich war ungefähr zweieinhalb. Eleanor weinte ständig, aber mir gefiel es dort. Ich wollte alles ordentlich und sauber haben, so bestand ich etwa darauf, daß meine Mutter mir jeden Morgen Zöpfe flocht, anstatt einfach nur die Haare nach hinten zu kämmen und einen Haarreif überzustreifen.

Ich war stolz, wenn man mich lobte und als »gutes Mädchen« bezeichnete. In der Schule war es genauso: Ich war in allem gut oder gar die Beste. Sobald man einmal damit angefangen hat, kann man nur schwer wieder aufhören: Erfolg verstärkt sich selbst, wohingegen es immer unmöglicher wird, Versagen zu ertragen oder es auch nur in Erwägung zu ziehen. Ich konnte nicht ungezogen sein oder eine falsche Antwort geben, ich konnte nicht einmal zu spät zur Schule kommen. Ich trieb meine

Schwestern – und meine Mutter – morgens an, um rechtzeitig fertig zu sein.

Wir schienen aus einer glücklichen Familie zu stammen und eine glückliche Kindheit zu haben – und in gewisser Weise stimmte das auch. Aber niemand sprach über die Dinge unter der Oberfläche. Mein Zimmer lag neben dem meiner Eltern, und nachts hörte ich sie manchmal streiten. Das machte mir angst: Ich stellte mir immer vor, sie würden sich am nächsten Tag scheiden lassen. Viele Jahre später sagte meine Mutter: »Ich kann mich nicht erinnern, daß wir uns überhaupt gestritten haben.« Vielleicht war das, was ich für Endzeitschlachten hielt, Teil ihrer Beziehung. Jedenfalls dachte ich, wenn ich ein gutes Mädchen wäre – das heißt, wenn ich so wäre, wie meine Mutter mich meiner Ansicht nach haben wollte –, würde ich sie und die ganze Familie glücklich machen.

Die Furcht, ich könnte ihr Mißfallen oder ihre Ablehnung erregen, peinigte und lähmte mich. Jemand fragte mich einmal, ob ich mich erinnern könnte, daß meine Mutter mich je lobte, und ich konnte es nicht. Ich erinnere mich nur, daß sie mich ständig kritisierte. Viel später erst erkannte ich, daß sie es für geschmacklos hielt, die eigenen Kinder vor anderen zu loben. Doch das machte mich und meine Schwestern nicht nur anfällig gegenüber Kritik, sondern auch mißtrauisch und ablehnend gegenüber Lob.

Mein Vater war wenig präsent, aber in vielerlei Hinsicht fühlte ich mich ihm nahe – mit Ausnahme meiner Überzeugung, er sei die Ursache für die Unzufriedenheit und das Unglück meiner Mutter. Wie er liebte ich Landkarten und Wegweiser, Züge und Zeitpläne und das Verreisen.

Ein wesentlicher Bestandteil meines Erwachsenwerdens war das Gefühl, nicht existent zu sein: manchmal ganz buchstäblich, manchmal kam es aus der Angst, daß ich nicht das war, was ich zu sein schien, oder daß ich nicht in der Lage wäre, den Schein zu wahren, den Schein der Person, die irgendwie aufgetaucht war und die die Menschen »Grace« nannten.

Mit vierzehn kam ich ins Internat, begierig, vom Vertrauten und Bekannten wegzukommen. Ich hoffte, daß ich an einem Ort, wo mich niemand kannte, neu beginnen könnte, einen Neuanfang wagen, mein altes Ich davon befreien könnte, immer die Gute, die Älteste, die Beste in der Schule, die Beliebte zu sein. Frei zu sein von dem, was man von mir erwartete. Natürlich war das nicht so, und das erste Jahr war im wesentlichen eine Fortsetzung der Vergangenheit.

Im darauffolgenden Jahr änderte sich alles. Plötzlich war ich unglücklich, ich brachte schlechte Leistungen in der Schule, brach die Regeln. Alles wurde für mich zum Kampf: in der Schule und zu Hause. Meine Eltern betrachteten das als »Pubertät«, eine selbstredend schwierige Zeit, und nahmen meine Klagen nicht sehr ernst. Aber mir war selbst die kleinste Sache ungeheuer wichtig. »Bedeutung« war mein zentrales Stichwort, und ich war besessen davon.

In den Sommermonaten meines zweiten und dritten Jahres an der High School arbeitete ich als Betreuerin in einem Ferienlager in Vermont. Eigentlich war es ja ein Bauernhof, wo die Tiere und der Garten gepflegt und diverse Anbauten errichtet werden mußten. Ich liebte es, dort zu sein. Alles, was man dort tat, ergab einen Sinn, war real: Die Beete mußten gejätet, das Abendessen mußte vorbereitet werden. Der Leiter des Ferienlagers eröffnete eine Schule nach den Prinzipien des »learning by doing« – das Fach Geschichte war die Geschichte des Hofes, Naturwissenschaft waren das Wetter und die Ökologie des Landes. Nach einem Besuch im Herbst meines letzten Jahres an der High School beschloß ich, an dieser Schule zu bleiben. Meine Eltern hingegen bestanden darauf, daß ich nach Hause fuhr und wir darüber sprachen. Ich blieb eine Woche zu Hause und ging dann zurück an meine alte Schule. Mein Entschluß, in Vermont zu bleiben, war das Rebellischste, was ich in meinem ganzen Leben getan hatte. Und am Ende war es eine Enttäuschung. Vielmehr: Ich hatte mich selbst enttäuscht.

Auf jeden Fall beendete ich das Jahr an der High School, und im nächsten Herbst ging ich aufs College. In gewisser Weise war das eine Befreiung. Man konnte das studieren, was man wollte, und überhaupt das tun, was man wollte. Ich schrieb mich für Griechisch ein und las zum ersten Mal Dante. Mein Griechischlehrer war ein Mann, der viele Jahre lang Tagebuch geführt hatte, und obwohl er auch andere Dinge geschrieben hatte, war er der Ansicht, daß das Tagebuch sein Lebenswerk darstellte. Ich hatte ein Tagebuch geführt, seit ich ungefähr zwölf Jahre alt war. Am Anfang war es ein Bericht darüber, was jeden Tag geschah, was ich tat, was ich fühlte – auf einer ganz grundlegenden, buchstäblichen Ebene. Es war wie eine Aufgabe, die man jeden Tag zu erfüllen hatte: nicht unangenehm, aber da war eben die Seite mit dem Datum, die gefüllt werden mußte. Allmählich wurden meine Eintragungen komplexer und introspektiver, und schließlich stellte die Seite mich dar, und irgendwie war ich diese Seite: Ich konnte nur existieren, wenn ich aufgeschrieben war. Das ist der einzig beständige rote Faden meines Lebens.

## Susan: Gegenseitige Anziehung

Susan war meine beste Freundin im College. Wir besuchten denselben Englischkurs für Erstsemester, lebten in angrenzenden Wohnheimen, mochten beide Pound und mittelalterliche Musik. Wir lasen einander laut unsere Lyrik-Hausaufgaben vor und hörten zusammen Platten. Oberflächlich gesehen waren wir das genaue Gegenteil voneinander: Susan schien hart zu sein, unbeirrbar, hatte zu allem eine feste Meinung, schien zu wissen, was sie wollte und wer sie war. Ich dagegen war mir meiner selbst und dessen, was ich wollte, keineswegs sicher. Ich paßte mich leicht an alles und jeden in meinem Umfeld an. Wir suchten etwas in der anderen, bei der anderen: Ich war fasziniert von ihrer nach außen gekehrten Aggressivität, der Fähigkeit, wütend zu sein, zu streiten, zu wissen und zu sagen, was sie dachte; für sie stellte ich die Sanftheit, vielleicht die Großzügigkeit dar, die in ihrem Leben fehlte.

Natürlich war das nur die Oberfläche: Ihre Härte verbarg eine tiefe Unsicherheit, unter meiner Sanftheit war Aufruhr. Sie führte ebenso wie ich Tagebuch, und wir lasen einander unsere Eintragungen vor. Wir entwickelten Zuneigung zueinander. Wenn ich aus meinem Tagebuch vorlas, spiegelte es sich – spiegelte ich mich – in diesem anderen Menschen wider: Ich wurde eine Person durch den Akt beziehungsweise die Tatsache, daß ich es ihr vorlas und sie zuhörte.

Recht schnell fühlte ich mich einsam, wenn sie nicht in meiner Nähe war. An einem Wochenende gegen Ende des ersten Jahres am College fuhr sie mit einer anderen Freundin nach New York, ohne es mir zu sagen. Ich fühlte mich verlassen und betrogen und war eifersüchtig. Meine Mutter, die Susan einige Male in der Schule und bei einem Wochenendbesuch getroffen hatte, mochte sie nicht und freute sich – sie dachte, das würde uns einander entfremden. Ich hatte den Fehler gemacht, mich bei ihr zu beklagen.

Im zweiten Jahr zogen wir in dasselbe Wohnheim und belegten angrenzende Zimmer am Ende eines Stockwerkes. Jeden Tag nach dem Frühstück ließen wir die Unterrichtsgebäude hinter uns, spazierten über Felder und durch ein Lärchenwäldchen, wo die Straße in eine andere Straße überging. Wir traten mit den Füßen gegen die verrosteten Straßenschilder und kehren dann zu unserer Arbeit zurück. Oft blieben wir die ganze Nacht gemeinsam auf, schrieben Aufsätze, unterhielten uns. Keine Einzelheit unseres Lebens oder eines Buches war uns zu trivial, um sie nicht unablässig und bis ins letzte zu diskutieren. Wir schlossen andere nicht aus, gerade auch Susan hatte zahlreiche Freundinnen – sie hatte gern viele Menschen um sich. Ich hatte auch einige Freundinnen, obwohl ich oft das Gefühl hatte, daß Susan sie nicht mochte; ich fürchtete ihre Kritik, ihr Mißfallen. Die Leute sahen uns als eine Art »Paar«, immer zusammen: Die »Goldstaub-Zwillinge« nannte uns die Postmeisterin des College.

Von Anfang an bestand für mich eine Art Spannung – zwischen dem Alleinsein und dem Zusammensein. Ich wollte immer auch Zeit für mich allein haben, und so gesehen war es mir recht, daß Susan andere Freundinnen hatte, insbesondere auch Freunde, vielleicht weil gerade Jungs keine richtige Bedrohung für unsere Freundschaft waren. Aber ich brauchte Susan auch in meiner Nähe, damit ich mich selbst sehen konnte.

Wir träumten davon, unser Leben gemeinsam zu verbringen: zwei alte Damen, die auf einer Veranda im Schaukelstuhl sitzen und schaukeln. Nach dem College beschlossen wir, nach London zu gehen. Wir wollten beide weg von unseren Familien und dachten, durch die Entfernung und die Freiheit könnten wir uns von ihnen trennen und uns selbst finden. Susan schrieb: »Wir lieben einander, sind voneinander fasziniert, wir brauchen einander, und wir fürchten einander. Unsere Rollen tanzen und springen in den Räumen umher, in denen wir gelebt haben, um die Inseln herum, die wir mit unseren Worten und Träumen geformt haben.«

In London wurden wir direkter und intensiver voneinander abhängig. Ungefähr drei Monate lang lebten wir in einem Zimmer im CVJM gegenüber dem Britischen Museum. Wir kannten niemanden und verbrachten all unsere Zeit miteinander. Auf der Suche nach einer Wohnung kamen wir in die unterschiedlichsten Stadtviertel. Schließlich fanden wir eine Unterkunft am Rand von Hampstead – ein Zimmer mit Küche – und ließen uns dort häuslich nieder. Wir kauften zwei Teller, zwei Bestecke, zwei Tassen. Susan bekam eine Stelle in einem Kleinverlag. Ich hütete Kinder, arbeitete in einem Frauenzentrum, putzte in einigen Häusern und spazierte quer durch ganz Nord-London. Abends bereiteten wir uns das Abendessen – Susan liebte es zu kochen, sie fand es nach der Arbeit entspannend – und berichteten uns gegenseitig von den Ereignissen des Tages, so wie wir das im College getan hatten. Wir müssen anderen sehr abgesondert erschienen sein, in einer Welt, die wir uns selbst geschaffen hatten. Ich war ganz und gar nicht an anderen Menschen interessiert, dachte, daß ich sie nicht brauchte. Aber ich verstand auch nicht das Bedürfnis, das mich an unsere Beziehung kettete. Viel später, als wir uns trennten, meinte Susan, daß unsere Beziehung zu Anfang auf Bedürfnissen basiert habe: Wir brauchten einander ganz einfach.

Wir waren nach London gekommen, um uns selbst zu finden. Mein Weg bestand darin, in mich zu gehen, ihrer, in die Welt hinauszugehen. Das College hatte sowohl eine intellektuelle als auch eine soziale Struktur gehabt, in London hatten wir keines von beidem. Meine Suche nach mir selbst beschränkte sich also auf Susan und mich. Sie war meine Verbindung zur lebendigen Welt der Menschen, Ereignisse, Aktivitäten – nicht nur meine Verbindung, meine Brücke, sondern auch mein Blickwinkel. Und genauso wollte ich es haben.

Ich war viel allein und schrieb viel: Ich beschrieb meine Tage in schrecklicher, quälender Detailtreue (eine Unterhaltung, den Einkauf im Supermarkt). Oft unternahm ich lange Spaziergänge oder fuhr mit dem Bus weit hinaus, und danach wälzte ich Stadt- und Busfahrpläne, um zu sehen, wohin es mich verschlagen hatte. Doch niemals brachte ich es fertig, mich selbst zu finden.

Manchmal sagte ich mir, ich probierte lediglich aus, eine Schriftstellerin zu sein, aber das erschien mir ebenso betrügerisch und ebenso irreal wie alle meine anderen Beschäftigungen. Die Einsamkeit intensivierte Gefühlsregungen wie die Angst, was die Leute denken oder sagen; eine Art von Schüchternheit, Unbeholfenheit und Unsicherheit wurde mir zur Gewohnheit. Außerdem waren die Engländer nicht besonders extrovertiert beziehungsweise gefühlsmäßig offen: Wir wußten nie, was sie wirklich dachten. Doch während Susan London unfreundlich fand, mochte ich die unemotionalen Engländer. Ich glaube, ihre Zurückhaltung gab mir ein Gefühl der Sicherheit.

Aber ich war auch ruhelos. Susan und ich hatten uns bereits einige Male gestritten – sie war wütend geworden, weil ich in bestimmten Situationen nicht sagte, was ich fühlte oder wollte. Das erschien ihr symptomatisch, typisch für meine ganze Wesensart. Sie wollte, daß ich unabhängiger würde, aber ich sah nicht ein, warum das nötig sein sollte. Damals war ich für sie sehr verläßlich – vielleicht brauchte sie das. Ich vermute, sie wußte, ich würde nicht weggehen: Ich war die Nummer Sicher und die Zuverlässige.

Ich wollte immer so sein wie Susan, alles haben, was sie hatte: ihren Job, ihre Freunde, ihre Kleider, ihre Frauengruppe, ihre Kontaktfreude. Dennoch genossen wir unser Beisammensein mehr als die Gesellschaft anderer, wir mochten unser zurückgezogenes, häusliches Leben. Nach einem Jahr zogen wir in eine größere Wohnung in der Nähe von Hampstead Heath. Ich schrieb mich an der London University ein und studierte alte Sprachen. Unser Leben schien mehr Form anzunehmen. Aber diese zögerlich sich bildende Form erwies sich als Illusion. Mir gefiel es doch nicht an der Universität, und ich beschloß schließlich, mein Studium abzubrechen. Ich wußte nicht, was ich statt dessen tun wollte.

Wir waren damals fast zwei Jahre lang in London und kamen überein, in die USA nach New York zurückzukehren. Es gab praktische Gründe (Susan konnte keine Arbeitserlaubnis mehr bekommen und hatte größte Mühe, einen Job zu finden), aber in erster Linie hatten wir das Gefühl, in England nie richtig heimisch werden zu können. Wir wären immer Außenseiter und würden uns stets unwohl fühlen, daher könnten wir unser wirkliches und wahres Ich dort niemals finden oder leben – oder uns ihm stellen. Also zogen wir im September 1973 nach New York, in ein Apartment, das Susan entdeckt hatte. Ich freute mich, in New York zu sein, und fand sofort eine Stelle als Korrektorin: Jetzt ging ich aus, während Susan zu Hause arbeitete.

## Die erste Analytikerin

Susan suchte schon bald nach unserer Ankunft in London eine Analytikerin, Dr. D., auf. Sie wollte in einer Therapie versuchen, mit ihren Familienproblemen klarzukommen, und drängte mich, wegen meiner »unterdrückten Emotionen« ebenfalls jemanden zu konsultieren.

Wenn wir in unserer Familie hörten, daß jemand zum Psychiater ging, betrachteten wir das als Zeichen von Schwäche: Man gab damit zu, daß man seine Probleme nicht selbst lösen konnte. Da ich andererseits so viel allein war und so viel Zeit damit verbrachte, mein Tagebuch zu führen (das ich mittlerweile auf der Schreibmaschine tippte), viel beobachtete, aufzeichnete und analysierte, wollte ich mehr über Psychoanalyse erfahren.

Jedes Mal, wenn Susan von Dr. D. zurückkam, bat ich sie, mir von ihrer Sitzung zu erzählen. Als ich dann beschloß, selbst jemanden aufzusuchen, hielt ich das nicht für einen Hilferuf, sondern für eine Möglichkeit, mich selbst »kennenzulernen«. Durch Dr. D. kam ich zu Dr. P., zu der ich ungefähr acht Monate lang einmal die Woche ging.

Als ich Dr. P. das erste Mal aufsuchte, beantwortete ich zwar ihre Fragen über meine Familie und was ich in London tat, aber meistens saß ich nur da, spielte unsicher an den Knöpfen meiner Jacke und starrte auf den roten Orientteppich. In der nächsten Woche zupfte ich an meinen Haaren und starrte wieder auf den Teppich, bis sich meine Augen mit Tränen füllten. »Ich sprach, und sie sprach, und es gab lange Pausen, aber irgend etwas geschah«, schrieb ich in mein Tagebuch. Ich war zugleich in Hochstimmung und auch deprimiert. »Wie sieht Ihr Leben in London aus«, hatte sie gefragt. Ich sprach über mein Leben an der Universität und mein Leben zu Hause und die strikte Trennung beider, über alte Freunde aus Amerika, die in London lebten – und die ganze Zeit über dachte ich, daß das, was ich sagte, oberflächlich sei.

Danach entstand eine lange Pause. »Was denken Sie gerade«, wollte sie wissen. Daß ich etwas sagen will, aber nicht weiß, was oder wie. Ich sagte ihr, daß ich nicht sprechen könne, wenn ich mich irgendwie unter Druck fühle: weder in der Schule noch hier mit ihr. Aber ich könne schreiben. »Ein Tagebuch? Sehr gut.« Dann erzählte ich ihr, daß ich nicht in der Lage sei, das zu tun, was ich wirklich tun wollte, daß ich mich niemals richtig beteiligt fühlte: »Es gibt immer Stimmen, Kräfte, die mich aus dem Zentrum ziehen.«

»Nehmen wir einmal an«, sagte sie (sie machte oft Beispiele, erfand Geschichten), »Sie treffen jemanden und wollen ihn oder sie wiedersehen. Sie warten, doch er oder sie ruft nicht wie versprochen an: Welchen Impuls verspüren Sie?« – »Selbst anzurufen«, sagte ich. »Ja, und warum tun Sie es nicht?« – »Ich habe Angst, daß dieser andere mich vielleicht doch nicht sehen will, und dann käme ich mir dumm vor.« – »Erinnern Sie sich an etwas aus Ihrer Kindheit, das dieses Gefühl in Ihnen ausgelöst haben könnte?« – »Nein«, meinte ich. »So war es schon, solange wie ich mich erinnern kann.« – »Wie alt waren sie, als Eleanor zur Welt kam?« – »Fünfzehn Monate.« – »Natürlich können Sie sich nicht daran erinnern, aber Ihre Mutter – gleichgültig, wie wenig sie es vielleicht wollte – muß Sie wegen des Neugeborenen irgendwie vernachlässigt haben.«

Sie erläuterte es: Das Monster, das Bedrohliche ist meine Beziehung zu Eleanor. Ich identifizierte mich so sehr mit ihr, daß ich sie nicht als getrennte Persönlichkeit sehen konnte: Ich liebte und ich haßte sie, brauchte und fürchtete sie so sehr, daß wir selbst jetzt kaum kommunizierten. Zu schreiben, Briefe zu bekommen oder sich mir ihr zu unterhalten war zu schmerzlich: Es gibt nichts zwischen uns, denn wir sind ein und dieselbe. Wenn eine glücklich ist, ist es auch die andere, wenn eine leidet, leidet auch die andere.

Ich sah Eleanor eines Nachts im Traum, wie sie eine Treppe hochstieg. Sie war so wunderschön, daß ich es nicht aushielt. »Sie ist Medusa«, sagte die Ärztin, »wenn Sie sie sehen, erstarren Sie zu Stein.« Medusa – so nannten wir sie mit ihren langen Locken, die sich schlangenartig um ihren Kopf winden.

»Ganz außergewöhnlich!« sagte sie. »Und für sie sind Sie Minerva, geboren aus dem Kopf des Vaters, ohne Mutter. Weise und mächtig, aber mit Helm, Panzer und Schild, denn in Wirklichkeit ist sie wehrlos, verletzlich: Sie hatte keine Mutter.« Sie zitierte Dante: »Vergine Madre, figlia del tuo figlio.« Das Kind ist der Mutter Mutter.

Eine Sitzung Anfang Juni:

»Ich plappere und plappere zwischen dem Schweigen. Ich lache und erkläre, daß ich Unsinn rede. Ich kann nicht sagen, was ich will, was ich meine oder zu meinen glaube ...[4] Die Vorhänge müssen gereinigt worden sein. Dr. P. trägt Hellgelb und Weiß; Lächeln; sie ist real ... und löst sich dann auf. Ein Bild, eine Erinnerung kommen hoch. Ich erzähle, fast ohne dabei nachzudenken, hoffe verzweifelt, etwas Sinnvolles zu sagen, Bedeutung zu haben, hoffe, es wird der Schlüssel sein, das Zeichen.

Sie sind verschwiegen.

Ja, ich bin unheimlich verschwiegen. Ich habe Angst. Und ich weiß nicht, vor was ich eigentlich Angst habe. Eine Gewohnheit. Selbst wenn ich denke, daß ich offen bin, bin ich es nicht. Und wie ich mich auch verhalte, wie ich auch in Erscheinung trete, ob offen oder bewußt ambivalent, hinterher ist mir übel: Es war nicht gut. So sind meine Verhaltensweisen nur verschiedene Aspekte der Verschwiegenheit, zwei verschiedene Verteidigungsmechanismen; Barrieren zwischen mir und der Außenwelt. Ich fühlte mich wie erschlagen: nicht hysterisch, ich wollte nur in Ruhe zusammenbrechen und weinen.«

Als ich einmal von meiner Faszination von Landkarten und Verkehrsmitteln sprach, daß ich spazierenging und Routen von Ort zu Ort studierte, sagte sie: »Sie wollen immer wissen, wo Sie sind, aber innerlich wissen Sie niemals, wo Sie sind.«

Wir sprachen über Susan: »Wir müssen dieser Sache auf den Grund gehen«, sagte sie. »Wie hat alles begonnen? Wohin geht es oder ist es ein Stillstand? Es scheint in Ihnen eine Angst zu geben, sich weiterzubewegen. Sind Sie in sie verliebt?« fragte sie. Ich war verblüfft. »Sie erleben denselben Mangel an Freiheit, der mit dem Verliebtsein einhergeht; Ihnen fehlt die wahre Freiheit der Liebe.« Was sie sagt, ergibt einen Sinn. »Ich würde sagen, Ihre Beziehung zu Susan ist das, was, locker ausgedrückt, ›krank‹ genannt wird«, sagte sie. »Ich meine Ihre Unfähigkeit, einander zu verlassen, eigenständige Entscheidungen zu fällen. Haben Sie Angst, Susan könnte Sie verlassen? Ist sie der Ersatz für Eleanor in dieser symbiotischen Beziehung, die Sie zu fordern, zu brauchen scheinen?« Sie fuhr fort: »Warum haben Sie Angst, sich von Susan zu trennen? Sie unterstützen durch Ihr Zusammensein Ihre gegenseitige Irrealität. Wie real ist dann Ihre Beziehung?«

»Ja, manchmal ist sie irreal, und manchmal scheint sie die einzige Realität in der Welt zu sein! Ich erzähle ihr, was wir hier besprechen, und sie erzählt mir, was bei Dr. D. geschieht, aber ich sage ihr nie, wenn wir über sie und mich sprechen, denn ich befürchte, was ich Ihnen sage, ist nicht die Wahrheit – ist überhaupt keine Wahrheit –, sondern meine eigene verzerrte Version der Wahrheit.« Und ich fing an zu weinen: Ich weinte und vergaß mich selbst, bis ich mich erinnerte ... Ich erinnerte mich daran, wie Susan immer erzählte, wie sie in den Sitzungen weint und dann nach einem Taschentuch langt, und ihre Therapeutin sitzt unbeweglich daneben. Als ich daran denke, sehe ich auf, und meine Therapeutin sitzt unbeweglich neben mir, also lasse ich die Tränen lieber in meinen Augen.

Ich sah Dr. P. ein letztes Mal, kurz bevor ich London verließ. Susan war bereits fort. Es war Anfang September, nach der Sommerpause:

»Die Therapeutin: plump und sonnenverbrannt, in einem purpurroten Baumwollkleid. Ich stand in ihrer Praxis, las die Buchrücken, sah mir die Bilder an, warf einen Blick aus dem Fenster in den grünen Garten, auf eine Terrasse mit gelben Fliesen ... Ich gehe vom Fenster zu dem blau-grünen Cézanne-Druck, der gerahmten Illustration von Frauen des 19. Jahrhunderts aus einem Modemagazin, der bemalten Holzstatue von der Jungfrau und ihrem Kind, die neben der Tür hängt. Am anderen Ende des Zimmers mit seinen Liegen und Stühlen und Couchtischen scheint sich ein Salon anzuschließen. Ich denke an Freuds griechische und römische Skulpturen, denke an Dr. P.s Aussage, daß sie mir als Person begegnet, als sie selbst: Der Raum muß ein

Ausdruck dieser Person sein und nicht steril, seelenlos ... Sie kehrt zurück. »Setzen Sie sich. Ich habe meinen Vater aus seinem Nachmittagsschläfchen geweckt«, erklärt sie. »Er ist recht alt, sollte aber nicht zu lange schlafen ...« Ich erzähle ihr von Griechenland, von meinem Urlaub, dann sprechen wir über Amerika, wie ich mich dabei fühle, England zu verlassen und nach Hause zurückzukehren.

Zum ersten Mal schien es, als ob wir wirklich zwei Frauen wären, die einander begegnen.

# 2 Ein falsches Ich
### (Oktober 1973 bis März 1975)

## Ein verstecktes Ich (Fayek Nakhla)

Bei unserem zweiten Treffen schwieg Grace. Ich konnte nicht ahnen, daß es in den folgenden achtzehn Monaten weitgehend dabei bleiben würde. Dieses Schweigen bei ihren wöchentlichen Sitzungen fand in völliger Leere statt; jeder Austausch, den wir hatten, entbehrte jeglicher Spontaneität. Ihr Körper war auffällig reglos, und dieses unveränderte Bild, das sie abgab, wurde noch dadurch akzentuiert, daß sie anscheinend jede Woche dieselben nichtssagenden Kleider trug. Sie hatte stets eine große schwarze Tasche bei sich, die sie immer auf dieselbe Stelle neben ihren Sessel stellte. Diese Tasche, deren Inhalt ein Geheimnis blieb, symbolisierte für mich mit der Zeit ihre Welt, ihr Selbst, das sie versteckt hielt. Sie tauchte jede Woche wie aus dem Nichts und mit beängstigender Pünktlichkeit auf, so daß sie niemals im Wartezimmer Platz nehmen mußte. Im Laufe der Monate fühlte ich mich durch dieses Verhalten kontrolliert und war gereizt, da ich mich gezwungen glaubte, mit ähnlicher Präzision darauf zu reagieren.

Viele meiner Interventionen basierten auf dem Versuch, Graces Schweigen als Widerstand oder Übertragungsmanifestation zu verstehen. Regelmäßig saß ich einfach bei ihr, während sie schwieg, aber das schien sie auch nicht weiterzubringen, vielmehr schien es ihr Gefühl von Unbehaglichkeit zu steigern. Bisweilen mag mein eigenes Schweigen auch durch meine Dickköpfigkeit und meinen Ärger, mein Gefühl der Isolation und der defensiven Distanz verursacht worden sein.

Grace saß immer am Rand ihres Sessels, ihre Augen nach unten gerichtet. Sie schaffte es, mir zu erzählen, daß es ihr große

Angst einjage, in den Tiefen dieses Sessels zu sitzen. Sie fürchte, verschluckt zu werden und sich darin zu verlieren. Trotz alledem stellte ich manchmal fest, daß ich mich auf ihre distanzierte Stille und ihr Schweigen einließ, denn es kam mir so vor, als ob sie dadurch die Abwesenheit von Gefühlen und Gedanken kommunizierte. Wenn ich erschöpft war, entfuhr es mir manchmal heftig, wie unmöglich es doch sei, daß ihr Geist so total leer wäre, und versuchte, sie so zum Sprechen zu bringen. Einmal saß ich neben ihr und schlug vor, das Käsekästchen-Spiel zu spielen, ein anderes Mal brachte ich sie dazu, mit der Faust auf die Armlehne ihres Sessels zu schlagen. Sie fügte sich willig, aber das war dann auch schon alles.

Rückblickend erkenne ich, daß meine Fragen und Interpretationen Versuche waren, Graces Geisteszustand und Verhalten eine Bedeutung beizulegen – diese Versuche stützten sich auf eine Art des Fragens und analytischen Vorgehens, wie es bei Menschen mit einer weniger schwer gestörten Psyche angemessen ist. Andere meiner Interventionen und direkten Manipulationen stellten unbeholfene Versuche dar, eine Veränderung in ihrem Verhalten herbeizuführen – sie waren jedoch ein eklatanter Ausdruck meiner Gegenübertragungsreaktionen auf Graces erschreckendes Gefühl innerer Abgestorbenheit und Nichtexistenz und auf die Abwesenheit eines sinnvollen Austauschs zwischen uns. Es beunruhigte mich maßlos, daß meine Einschätzung von mir als Mensch und von meiner Rolle als Psychoanalytiker ständig in Frage gestellt wurde. Ich begann zwar pünktlich mit den Sitzungen – was an sich schon Bedeutung in die analytische Interaktion hineinbringt –, aber selbst das hatte keine Tragweite und wurde nur zu einem Automatismus, den ich zu vollführen hatte.

Grace gab mir zu verstehen, wie wichtig es für sie war, Tagebuch zu führen. Anhand eines Auszugs aus ihrem Tagebuch, den sie mir zu lesen gab, und anhand ihrer Briefe – Dr. P. hatte mir vertraulich die Kopie eines Briefes geschickt, den Grace ihr zu Beginn meiner Behandlung geschrieben hatte – erkannte ich allmählich ihre Gefühle von Unwirklichkeit und Sinnlosigkeit sowie ihre Suizidgedanken. Ich bemühte mich, ihren psychischen Zustand in Begriffe zu fassen, doch das schien außerhalb meiner Möglichkeiten zu sein.

Meine Hoffnung, Zugang zu ihr durch ihr Tagebuch zu finden, zerschlug sich ebenfalls. Ich fand die Seiten, die sie mir gab, äußerst schwer zu lesen: eine Auflistung von Gedanken, Wahrnehmungen und Geisteszuständen, die mich nicht berührten. Ich fühlte mich auch durch die Form der Seiten ausgeschlossen – in Blocksatz ohne Leerzeichen, fast ohne Rand und völlig ohne Absätze. Einmal äußerte ich, es liege eine langweilige Abgestorbenheit in dem, was sie schrieb. Ich erkannte später, daß sie diesen Kommentar, der vielleicht exakt zutraf und auch zentral für ihre Ängste war, als demütigende Ablehnung empfand; das mochte auch der Grund sein, warum sie mir ihr Tagebuch zu jener Zeit nur sehr wenig zeigte.

In diesen achtzehn Monaten erwachte die Therapie eigentlich nie zu richtigem Leben, aber auch ich trug zu der Sackgasse deutlich bei. Ich brachte es jedoch fertig, mein Interesse und meine Neugier irgendwie aufrechtzuerhalten, und trotz meiner Frustration und Ratlosigkeit war ich weiterhin dabei. Grace »beobachtete und wartete« (wie sie in ihr Tagebuch schrieb), blieb auf Distanz und hatte wenig Hoffnung.

## Ein hoffnungsloser Kampf (Grace Jackson)

Ich suchte Dr. Nakhla im Oktober 1973 das erste Mal auf. Im Traum war ich von meiner alten Psychiaterin zu meinem neuen Psychiater geführt worden.

»Wo liegt Ihr Problem?« hatte er gefragt. Ich wußte nicht, was ich darauf antworten sollte. Er stellte weitere Fragen, über England, über meine Familie, über Susan: Ich hatte das Gefühl, er versuchte einfach, etwas zu finden, worüber ich sprechen wollte – irgend etwas –, aber ich konnte nicht darauf reagieren.

Ich war nervös und hatte Angst vor ihm; was ich sagte, erschien mir oberflächlich, klang nicht stimmig. Als ich ging, war mir speiübel.

Mit Dr. P. hatte ich eine Art Verbundenheit erlebt, und bei ihr hatte ich Sympathie gefühlt, wohingegen dieser Therapeut fremd und distanziert wirkte. Er stand lediglich mit ihr in Verbindung, war gewissermaßen eine Verlängerung von ihr: »Dr. P. kennt uns beide, und wenn sie der Meinung ist, daß wir uns gut verstehen, dann sollten wir ihr vielleicht vertrauen«, schrieb ich in mein Tagebuch und zeichnete unsere Unterhaltung auf.

Die erste Schwierigkeit – möglicherweise symbolischer Art – war seine Praxis. Ich haßte sie, insbesondere wenn ich sie mit der Praxis von Dr. P. verglich. Diese war ein großer, langgestreckter Raum in Dr. P.s Haus, der im zweiten Stock eines Nord-Londoner Reihenhauses lag und von der Vorder- bis zur Rückseite des Gebäudes reichte. Es gab darin eine Couch mit einer gefalteten Decke am Fußende, Orientteppiche, Gemälde und Skulpturen. Der Raum war hell, und durch das Fenster konnte man die Spitze eines Baumes im Garten und die Rückseiten anderer Häuser sehen.

»Steril«, »unpersönlich«, »formell« lauteten die Wörter, mit denen ich in meinem Tagebuch die Praxis meines neuen Analytikers beschrieb. Seine Praxis lag im Erdgeschoß, und er teilte sich die Räumlichkeiten, vor allem das Wartezimmer, mit mehreren anderen Ärzten. Die Räume waren dunkel, und selbst wenn es draußen hell war, mußte drinnen das Licht brennen. Sein Zimmer hatte einen grünen Teppich, goldgemusterte Tapeten, dazu passende Sessel vor einem Kamin mit einem Glastisch dazwischen. Auf dem Tisch standen zwei schwere Glasaschenbecher. Wenn man hereinkam, sah man an der gegenüberliegenden Wand ein Regal voller psychiatrischer Fachbücher. Ich schrieb Dr. P., nachdem ich Dr. Nakhla ungefähr zwei Monate aufgesucht hatte:

»Ich war bei Dr. Nakhla, und wir haben hauptsächlich darüber gesprochen (oder nicht darüber gesprochen), warum ich mich mit ihm nicht unterhalten kann; warum ich sogar dann, wenn ich etwas sage, damit eigentlich gar nichts aussage. Ein eingefahrenes Muster, aber Woche für Woche mit solcher Intensität neu erlebt, daß ich beim Gehen jedes Mal denke, daß mein Kopf platzt und ich mit überhaupt keinem Menschen auf der Welt mehr etwas zu tun haben will. Ich weiß nicht, was ich von ihm halten soll; wenn ich dort bin, fühle ich mich meistens schrecklich, als ob ich eine hoffnungslose Schlacht kämpfe. Aber die Hoffnungslosigkeit ist so real und so wahr wie sonst fast nichts: In diesem Sinne ist sie gut – ich glaube irgendwie, daß sie nicht unendlich währen wird, sonst müßte ich mich umbringen, bildlich gesprochen oder tatsächlich.«

Ich fuhr in dem Brief fort, mein Leben in New York zu beschreiben:

»Die Tage haben jetzt einen festen Ablauf: Ich bewältige sie mühelos. Wenn ich einmal innehalte, in mich gehe und betrachte, wie ich so wie Tausende anderer Pendler den ganzen Tag im Büro sitze, meinen Schreibtisch um siebzehn Uhr leere und dann nach Hause gehe, überrascht mich die Leichtigkeit, die Vertrautheit, mit der ich mit allem umgehe. Es gibt mir das Gefühl, etwas zu leisten, aber es ist irreal, es bedeutet mir nichts. Ich bin unberührt davon. Ich sehe, daß ich in der Welt draußen überleben kann, und das ist, glaube ich, eine Notwendigkeit, aber zwischen all dem und mir liegt eine schreckliche Leere.«

Ich hatte Angst, in der Praxis des Therapeuten etwas zu sagen, weil das, was ich sagte, vielleicht nicht die Wahrheit war. Ich war nach New York gekommen, um die Wahrheit zu entdecken: Ich würde ich werden. Ich wollte in der Lage sein, etwas zu sagen, ohne mir darüber Sorgen zu machen, was mein Gesprächspartner darüber dachte; aber ich wollte auch sichergehen, daß das, was ich sagte, auch wirklich das war, was ich sagen wollte.

Im ersten Jahr geschah nicht allzuviel: Von der ersten Sitzung an saß ich auf dem Rand meines Sessels und sagte nichts. Aber in der Praxis eines Therapeuten soll man ja etwas sagen, und wenn er Fragen stellte, bemühte ich mich stets, sie zu beantworten. Doch meine Antworten klangen oft falsch: Sie schlugen einen falschen Ton an, meine Stimme schien gar nicht meine Stimme zu sein. Für gewöhnlich hatte ich das Gefühl, versagt zu haben: Ich war nicht in der Lage gewesen, aus meiner Sicht die absolute Wahrheit darzustellen; mein beobachtendes Ich war stets kritisch, paßte die Worte immer an und war nie zufrieden.

Aber auch aus seiner Sicht hatte ich nicht die »richtigen« Antworten oder Reaktionen. Ich hatte Angst vor dem, was er dachte. Und das, obwohl ich oft den Eindruck hatte, daß er mir gar nicht zuhörte, mir keine Aufmerksamkeit schenkte und daß er sich von einer Sitzung zur anderen auch nicht an das erinnern konnte, was ich gesagt hatte – sich nicht an mich erinnern konnte. Das verstärkte mein Gefühl, nicht das Richtige, die Wahrheit zu sagen. (Einmal stellte er mir sogar eine falsche Rechnung aus und bestätigte damit meine Befürchtungen.)

Also saß ich nur da – nervös und steif auf dem Rand des Sessels am Fenster – und versuchte, auf die Vorschläge des Analytikers (wir spielten das Käsekästchen-Spiel, er brachte mich dazu, mit der Faust auf die Armlehne des Sessels zu schlagen, er forderte mich auf, mich auf die Couch zu legen, mich in den anderen Sessel zu setzen, mich ans Fenster zu stellen und mit der Straße draußen zu sprechen) und auf seine Fragen zu reagieren: »Lesen Sie viel? ... Was lesen Sie? ... Was fühlen Sie? ... Haben Sie als Kind gespielt? ... Wie fühlt sich der Sessel an? ... Ist er unbequem, warum ist er unbequem? ... Und Ihre Kleidung, tragen Sie auch einmal etwas anderes?« Einmal sagte er zu mir, ich solle die vierzig Dollar für die Sitzung nehmen und statt dessen etwas zum Anziehen kaufen. »Denken Sie noch an Dr. P.? Wie war es mit ihr? Was war anders?«

»Ich versuche nur herauszufinden, was für Sie *real* ist«, sagte er. »Ich spreche zu viel, unverhältnismäßig viel. Ich sollte eigentlich nur zuhören. Ich stelle Fragen, die Sie kaum beantworten – es ist mir nicht wichtig, worüber Sie sprechen, ich versuche nicht, etwas Bestimmtes herauszufinden. Ich möchte nur, daß

Sie etwas sagen. Schließlich ist es doch so, daß Sie zwar hierher zu mir kommen, ich aber irgendwie zu Ihnen kommen muß.«

In mein Tagebuch schrieb ich:

»Ich bin es leid, meine Unterhaltungen mit dem Doktor zu wiederholen. Die Worte sind immer die gleichen. Vielleicht werde ich einmal zusammenbrechen, ausbrechen, die Kontrolle verlieren. Vielleicht werde ich auch einfach weitermachen, schlafwandeln, tagträumen in dieser sinnlosen, leblosen, lähmenden Lücke zwischen der Gelassenheit mit ihrer tiefen, geheimnisvollen Ruhe und der schreienden, tobenden Gewalt. Nicht Wut, sondern Zerstörung nannte er es. Er spricht und spricht – zu mir, an mich heran. Ich sitze auf dem Rand des Sessels und blicke ins Leere. Ich winde mich, halte mich immer fester. All das hat mit jemand anderem zu tun, jemandem, den ich nicht kenne, der mir jedoch gleichzeitig schrecklich bekannt ist.

Er stellt Fragen, aber ich habe das Gefühl, daß er an den Antworten nicht interessiert ist. Das Gefühl, daß ich ihm gleichgültig bin, daß er nur seinen Job macht, der so langweilig für ihn ist wie mein Job für mich, daß er Interesse vorgibt, wie ich es bei Kommata tue oder bei der Vorbereitung der Manuskripte für den Setzer. Diese eine kleine gemeine Stunde ist nur eine weitere Phantasie. Ein weiterer Griff nach einer scheinbaren Existenz.«

Ich sprach fast nie über mein wirkliches Leben, weil ich das Gefühl hatte, daß ich weder dort noch sonstwo existierte – außer vielleicht in meinem Tagebuch. Oberflächlich betrachtet hatte ich ein Leben: Ich leistete gute Arbeit, nahm am Büroleben teil, hatte dort und anderswo Freunde gefunden:

»Mein Bild von der Realität hat keine Verbindung zu den Ereignissen, den Aktivitäten und Erscheinungsformen des Lebens. Gleichzeitig findet sich Realität in kleinsten Einzelheiten: in der Anordnung der Bücher auf dem Schreibtisch, im Geruch in der Küche, im orangefarbenen Glühen des Straßenlichts durch das Badezimmerfenster ... Ich kann nicht über mein Leben sprechen, es gibt nichts zu sagen. Ich ging zur Arbeit, Neil kam zum Abendessen, Lynn kam zum Abendessen. Ich machte Paella mit dem Fisch, den Eyre mir geschenkt hatte, ich spülte ab ... Judy wurde im Park von einem Dobermann in die Nase gebissen, Becky verbrachte den Tag schmollend hinter verschlossener Tür, Margaret sagt, diese Worte sehen aus, als ob man ihnen etwas überstülpen müßte. Es gibt keine Gleichmäßigkeit, keine Ganzheit, nur Fragmente.«

Nachdem ich beinahe ein ganzes Jahr bei ihm war, schrieb ich dem Doktor während seines Sommerurlaubs im August 1974:

»Ich glaube nicht, daß es mich wirklich gibt. Ich bin ein Schatten. Es schockiert mich, wenn jemand sagt: ›Ich mag Sie.‹ Was gibt es an einem Schatten, einer Nicht-Existenz zu mögen oder nicht zu mögen? Selbst eine Tatsache wird zur Phantasie, zu einem weiteren Machwerk, einem weiteren Traum, einem Alptraum ... Es gibt keine Trennung von real und irreal, innerlich und äußerlich, keinen Konflikt, wie ich immer dachte: Denn nichts darf Existenz annehmen, nichts darf in die Welt hineingeboren werden. Ich fühle mich nackt. Eine Gestalt namens Grace nimmt Raum ein, aber selbst diese Gestalt ist eine Illusion, ein chamäleonartiges Ding, das die Farben seiner Umgebung annimmt ... Und so widert mich selbst dieser Brief an, die Distanz zu dem, was ich sage, seine *Form*. Ich hasse sowohl das Gesagte als auch das Ich, das es sagt. Kein Wunder, daß ich nie spreche.«

Ich dachte, wenn ich die Wahrheit über mich selbst sagte, müßte sie sich in ihm widerspiegeln. Ziemlich eindrücklich erlebte ich das, als ich ihm einige Seiten meines Tagebuchs zu lesen gab. Ich war immer der Ansicht, daß ich in meinem Tagebuch die Dinge deutlicher – wahrhaftiger – sagte, als ich sie jemals aussprechen könnte: Ich kleidete sie nicht nur in Worte, sondern auch in Gefühle.

»Die purpurfarbenen Wolken, die um die Straßenlampen hängen, schwellen an, wenn sich der Tag zur Nacht wandelt; der Himmel leuchtet hellblau auf vor der Schwärze (obwohl er den ganzen Tag über grau gewesen ist). Die Schwärze der Stadt ist sowieso niemals ganz schwarz; nicht wie auf dem Land, wo in einer mondlosen, sternlosen Nacht Himmel, Erde und Luft zu einem undurchdringlichen Schwarz verschmelzen. Tastend. Nein, es ist anders in der Stadt: in den verschiedenen Städten, die ich gekannt habe. Lichter: Straßenlampen, Autoscheinwerfer, Neonlichter, einzelne Lichtquellen in Räumen: Alles das wird vom Himmel reflektiert, gebrochen, verzerrt, verschluckt, verfälscht von seiner Schwärze ... Ich bin wohl abgeschweift: Ich wollte nicht nach draußen gehen, aber es ist gut, wenn man weiß, wo man steht. Du weißt, wo ich stehe, genauer gesagt, wo ich sitze, denn ich sitze in einem Stuhl aus Rohrgeflecht neben einem Tisch aus Kienholz, dessen Lack in grauen Streifen abblättert. Meine Wände sind weiß; von der Decke hängt eine Lampe, direkt über meinem rechten Auge; die Lampe spendet gelbes Licht, das einen gelben Kreis auf den Tisch wirft und sich über den Boden ausbreitet. Die Böden dieser Wohnung sind aus Holz, Parkettböden. Mein Blick auf die Straße, gerippt durch Jalousien: meine Sicht der Außenwelt (außen? Welt?).

Zurück zum Äußeren: Ich wollte sagen, wie es war. Es sollte klar sein, abgetrennt wie durch diese Jalousien. Raum/Straße. Wie im Gefängnis, nur daß Gitterstäbe, glaube ich, meistens senkrecht verlaufen. Es sollte klar sein, aber wie bei jenen Schachteln, wie sie Kinder zeichnen, wo man nicht weiß, ob man von links nach rechts oder von rechts nach links schaut, von außen nach innen oder von innen nach außen, weiß ich nicht, ob ich drinnen bin und hinausschaue oder draußen bin und hineinschaue oder ob ich diese Wörter überhaupt verwenden kann, die ja sehr stark auf einen Unterschied hindeuten.

Und meine Träume: Die Grenze zwischen Wachen und Schlafen ist verschwommen. Menschen, Orte, Unterhaltungen, sogar Gefühle: Ich weiß nicht, ob sie vom Leben oder vom Schlaf erdacht wurden. Wie auch immer: Sie sind nur erdacht, und warum sollte ich mir dann mit der Definition Mühe geben? ... Ich aß eine Feige, eine trockene alte Feige, und in der Zwischenzeit ist der Himmel verschwunden.

Genug: Ich komme der Sache nicht näher. Es dauert lange, bis die Seite voll ist. Und das Leben einer Frau wird in vollen Seiten gemessen: volle Seiten, eng beschrieben, kaum Rand. Breite Abstände, fünf Zentimeter Rand – Betrug. Ein merkwürdiges Leben, das nur in Schwarz und Weiß erklärt werden kann: eigentlich Schwarz und Gelb, was etwas entwürdigend ist. Sie kann die Seite anscheinend nicht loslassen, zitternd hält sie sie fest. Wenn sie sich bewegte, könnte sie sich sehen, und dann würde es keine Lösung geben, nur die Rasierklinge. Was für ein Sprung! Kalt und verlassen schwebt sie in ihrem stillen Haus, unproduktiv und blind.

Eine Frau, dünn und müde, beobachtet den Regen; hat den Regen durch viele Fenster beobachtet, spürte den Regen in den Straßen und auf den Wiesen, auf den Bergen und auf dem Deck von Schiffen; Novemberregen, Märzregen, Augustregen, Regen der kühlt, und Regen, der erfrischt; Regen, der tötet, und Regen, der jubelt. Sie träumt sich jetzt in den Regen, zurück in die Vergangenheit, vergangene Regenfälle, Regenfälle der Vergangenheit, ihrer Vergangenheit. Die Stimme des Regens auf einem Blechdach, ein Regenschauer aus einer afrikanischen Wolke, die ebenso schnell vorüberging, wie sie den strahlenden Himmel verdunkelt hatte; Regentropfen auf den Grashalmen einer Wiese in Vermont, die roten Brombeersträucher; vom Wind getriebene Regenschauer klatschen gegen Fensterscheiben, klatschen gegen die Wangen eines Mädchens, das über die baumlose Spitze des Parliament Hill rennt, und röten sie; der Bindfadenregen, der die Kleider bis auf die Haut durchweicht (sie liegt auf dem Deck eines Schiffes und beobachtet, wie sich im Morgengrauen die grauen Klippen Englands nähern); nackt durch ein feuchtes, von Bäumen umringtes Feld rennen, nur beobachten, glänzende Pfützen, das Funkeln dünner Zweige, gesprenkeltes Glas, Schirme, hoch aufgereckt in Abwehrhaltung. Soviel Regen; jeder Tropfen eine Geschichte, alle langweilig, so langweilig wie das endlose Beobachten, das endlose Warten. Immer beobachtet sie, immer wartet sie. Teil des Traumes: ein Traum, ins Nichts gesponnen, zu den verschiedenen Rhythmen des Regens. Sie kann die Frau-im-Raum nicht transzendieren; doch das Bild wird langsam schal; wird hohl; und bleibt, aufgerichtet, groß und bedrohlich. Sie, das Bild, muß zerschmettert werden; aber wer wird die einzelnen Stücke aufsammeln? Sollen sie unter die Couch oder hinter die Tür gekehrt werden? (Ganz egal, solange man sie nur nicht sehen kann.)

Musik, Trompeten, um das Geräusch zu übertönen, aber Blut und Eingeweide richten eine ganz schöne Bescherung an, stelle ich mir vor, da ich es noch nie wirklich gesehen habe.«

Nachdem er diese Seiten gelesen hatte, sagte er, ja, gut geschrieben, sogar schön, aber tot. Das ist seine Vorstellung von mir, dachte ich, und an diese Vorstellung paßt er alles an, was ich ihm gebe, selbst den kleinsten Hinweis. Erst Jahre später verstand er, was ich auszudrücken versuchte: Der erste Abschnitt war, wie er sagte, ein Versuch, mich in den Dimensionen des Raumes (Geographie) zu finden, der zweite ein Versuch, mich in den Dimensionen der Zeit (Erinnerung, Geschichte) zu finden.

## Trennung von Susan und Zusammenbruch (Grace Jackson)

Susan und ich lebten uns allmählich auseinander. Anstatt sich zu verringern, hatten die Spannungen, die in London aufgetaucht waren, zugenommen. Ich vermute, wir hatten beide das Gefühl, in der Falle zu sitzen. Ich schrieb in mein Tagebuch: »Sie ist deprimiert und meistens allein; ich halte das nicht aus und denke immer, daß es an etwas liegt, das ich tue oder nicht tue, daß meine bloße Existenz sie deprimiert.«

Ich war oft rasend wütend, und ich begann, ihre anderen Freunde und Freundinnen abzulehnen und eifersüchtig auf sie zu sein. Ich fühlte mich schrecklich minderwertig, ignoriert, verlassen; doch gleichzeitig wollte ich frei von ihr sein, wollte ich allein sein. Ich ging spazieren, und ich schrieb. Ich war ruhelos. In London hatten wir einen richtigen gemeinsamen Haushalt gehabt, mit Ritualen, festen Gewohnheiten; mehr noch als in unserer College-Zeit hatten wir alles geteilt. In New York hatte sich das geändert: Unser Alltagsleben verlief getrennter, wir verbrachten nicht mehr soviel Zeit zusammen. Und hin und wieder stritten wir uns ganz furchtbar:

»Ihre alte Klage, nur anders ausgedrückt: Ich würde nicht mit ihr sprechen, nicht sagen, wenn ich wütend oder gereizt bin. Sie sieht meine Selbstzerstörung als ein Zeichen von Haß, von Zorn auf sie. Ich sitze nur da und sage nichts, bin reglos. Sie ist wütend auf meine Leere und darauf, daß ich nichts rauslassen will. ›Ich glaube einfach nicht, daß du nichts fühlst: Womit füllst du deine Seiten?‹ Sie stachelt mich an, wie der Doktor. Und dann platze ich doch: Ich will immer Du sein, und gleichzeitig kämpfe ich darum, unabhängig zu sein. Die Grenze zwischen uns ist vage für mich, alles, was ich tue oder sogar denke, erfolgt in Begriffen von dir oder dir-und-mir, aber niemals von mir allein ... Sie: ›Ich glaube, ich habe das irgendwie geahnt, und ich hasse es, daß es so ist.‹ *Ich* weiß das und hasse mich dafür.«

Im Frühling 1974 bekam Susan Angstzustände, wann immer sie nach draußen ging. Sie hatte einen Nervenzusammenbruch und erklärte: »Das muß ich einfach durchmachen. Ein körperlicher Zusammenbruch.« Dem Arrangement unserer Beziehung gemäß mußte ich nun stark bleiben. »Sie hat gewaltige Macht über mich«, schrieb ich. »Sie würde zwar sagen, daß sie die nicht haben will, aber sie hat sie, und irgendwie braucht sie sie auch.« Zu all ihren Terminen mußte ich sie begleiten.

»Susan hat angerufen: Sie ist bei Alix (einer Freundin), wird dort übernachten. Ich bin allein, verlassen. *Das* sind all meine Emotionen: Das ist das, was ich mit dem Doktor nie besprochen habe. Was mein Leben wirklich beherrscht ... Und so katapultiere ich mich in einen meiner übertriebenen Verletzungszustände. Nicht übertrieben angesichts der Tatsache, daß ich von ihr, von unserer Beziehung eine Art totaler Unabhängigkeit will ... Bei Tag sehe ich meine Narrheit, die Irrealität, die ich erschaffe, die Unmöglichkeit. Wenn sie nicht mit mir spricht, bin ich wie gelähmt. Versklavung. Ich kann nicht eigenständig existieren. Sie hat Kopfschmerzen; sie kann nicht allein ausgehen; wenn sie spazierengeht, wird ihr so schwindelig, daß sie beinahe in Ohnmacht fällt. Was bedeutet das? Das macht mir derart angst, daß ich es nicht aushalte.«

Im Herbst 1974 gab es eine Art Aufschub. Ich wechselte den Arbeitsplatz und nahm bei einer Zeitschrift die Stelle als Assistentin eines Journalisten an. Während des Bewerbungsgesprächs fragte er mich: »Sind Sie stabil?« Ich versicherte ihm: Ich kann alles tun. Das war wirklich so: Ich hatte das Gefühl – gleichgültig, wieviel Kummer oder Chaos in mir tobten –, immer in der Lage zu sein, den äußeren Schein zu wahren; das hatte ich bereits mein ganzes Leben über getan.

Bevor ich die neue Stelle antrat, fuhr ich nach Oregon, um meine Schwester Eleanor für eine Woche zu besuchen. Als ich zurückkam, sagte der Doktor, ich schiene verändert, mehr »da« zu sein, und ich rutschte ein kleines Stück tiefer in meinen Sessel. Gleichzeitig hatte Susan damit begonnen, mit Larry auszugehen (den sie schließlich heiratete), und es wurde zunehmend deutlicher, was geschehen würde. In gewisser Weise hatte ich mir immer gewünscht, daß sie einen Partner fand – daß eine Beziehung funktionierte –, damit ich die Möglichkeit hätte, allein zu sein: frei zu sein, wie ich immer dachte. Aber als es tatsächlich geschah, sah ich, wie abhängig ich war oder gewesen war, und ich hatte das Gefühl, allein niemals existieren zu können.

Ich wurde immer isolierter und abgeschnittener, sowohl von Freunden als auch von Familienangehörigen. Die Person, mit der ich zusammensein wollte, hatte keine Zeit für mich. Und dennoch war ich immer noch nicht in der Lage, mit dem Doktor zu sprechen, ihm auch nur zu sagen, was gerade geschah. Susan verbrachte einen Großteil ihrer Zeit mit Larry, sie ignorierte mich. Je mehr sie mich ignorierte, desto mehr schien ich sie zu brauchen. Ich glaube, sie mußte das tun, um loszukommen – während ich immer anklammernder wurde, nicht äußerlich, aber ich fühlte immer stärker und drängender, daß es mir an einem Ich mangelte.

Ich verbrachte meine Tage und Nächte schreibend, versuchte, die Ereignisse zu analysieren, und endete immer in Verzweiflung. Ich wünschte, mein Körper würde verschwinden: Ich ging spazieren, um meine Ruhelosigkeit loszuwerden, ich war kaum in der Lage zu essen, ich schlief in einem Schlafsack auf dem Boden im Wohnzimmer, und häufig stellte ich mir vor, wie mein Körper in dem Schlafsack immer flacher wurde. Ich war überwältigt, ich schien in Scherben zu zerbrechen, mein Körper fühlte sich krank an, mein Geist fühlte sich krank an, ich war zerstörerisch und zerstört.

»Ich möchte zu einem Skelett abmagern, um mein Vorhandensein zu fühlen, meine körperliche Existenz. Kein Fett, kein Fleisch zwischen meinen Knochen und meinen Gefühlen. Mit dem Geist ist es ähnlich. Dieses Abmagern macht mich leicht verletzlich, so ausgesetzt, alles schmerzt.

Und dadurch weißt du, daß du existierst, daß du nicht verschwunden bist. So wie du deine Hand an einer Mauer entlangscheuerst, um Blut zu sehen: Du siehst das Blut und weißt, daß du wirklich existierst.

Aber dann denke ich, ich erfinde es nur, fabriziere den Schmerz oder zumindest die Ursache dafür; ich sollte ihn nicht spüren, und ich verstehe nicht, warum ich es tue: Und plötzlich ist sogar der Schmerz irreal, ebenso irreal wie die Oberfläche, die Fassade.«

Wir hatten eine Entscheidung über unsere Wohnsituation zu treffen: Es erschien sinnvoll – vielleicht weil ich mich so extrem bemühte, nicht verletzt zu erscheinen –, daß ich auszog und Larry einzog. Irgendwie brachte ich es fertig, eine Wohnung zu finden, aber vor meinem Auszug half ich noch bei seinem Einzug: Das war das Verstörendste und Bitterste an allem. Es war, als ob ich mich selbst aus meinem Haus stieß, aktiv an meiner eigenen Zerstörung beteiligt, während es möglicherweise nach außen den Anschein hatte, als ob ich eine gute Freundin sei. »Tapfer«, meinte Susan.

»Es ist nicht mehr mein Haus; ich bin eine Besucherin zwi-

schen den Pflanzen und den dunklen, schweren Möbeln ... Die
Zimmer sind aufgeräumt, aber die Schränke quellen über. Sogar
mein Schlafzimmer, der Alkoven, ist voll von Larrys Schallplat-
ten; die Couch, die Stühle, Tische, die Holztruhe; eine alte Pep-
si-Maschine, die er für fünf Dollar gekauft hat ... Im Schlafzimmer ein Doppelbett und die Möbel darum herumgehäuft. Ich
bin enteignet, verdrängt. Ich bin in diesem Haus nicht mehr anwesend. Ein merkwürdiges, schreckliches Gefühl. Wo sind die
Geräumigkeit und die Leere geblieben? Mein Haus wird nackt
sein, das hier ist ein reales Haus, ein Heim; ich habe Angst vor
meiner eigenen Leere. Die Leere meines Hauses ... Alptraumtage
und -nächte, aus meinem eigenen Haus ausgestoßen zu sein. Es
gibt einfach keinen Raum.«

Ich bekam immer mehr Angst davor, allein zu sein: Ich stellte
mir vor, wie ich in meine neue Wohnung gehe, die Tür schließe
und sterbe. Die Praxis des Doktors war der einzige Ort, an dem
ich frei sein konnte und zumindest eine Stunde lang nicht verschwinden würde. Ich weinte und weinte in der Praxis des Doktors. Er schlug mir vor, ins Krankenhaus zu gehen: Es sei ein
Ort, an dem ich weinen, ausruhen konnte. Ich erklärte, ich tue,
was immer Sie sagen. Vielleicht würde ich dort herausfinden,
wie ich allein leben konnte – ohne Susan.

# 3 Der erste Krankenhausaufenthalt
*(März 1975)*

## Trügerische Ruhe (Grace Jackson)

Ich verbrachte einen Großteil meiner Zeit im Krankenhaus damit herauszufinden, was ich da eigentlich sollte. Ich war verstört, ruhelos, beunruhigt, körperlich und geistig: Ich war verwirrt. Ich wußte nicht, was ich mit mir anfangen oder was ich tun sollte: im Krankenhaus und in meinem Leben. Dieser Aufenthalt im Krankenhaus war eigentlich nur eine Fortsetzung meines Alltags, weil ich mir meiner selbst immer noch bewußt war, mich immer noch beobachtete. So gab es eine Diskrepanz zwischen den Patientenberichten der Krankenschwestern »Pt (Patientin) oberflächlich angesichts Problemen« und dem, was ich in mein Tagebuch schrieb. Vielleicht war die Diskrepanz nicht so groß wie in der normalen Welt, wo ich gearbeitet und sogar Menschen getroffen hatte; wo ich mit der Realität von Susan und Larry umgegangen war, eine Wohnung gesucht, den Mietvertrag unterschrieben hatte, während ich mich innerlich zerrissen fühlte.

Eigentlich möchte man meinen, daß diese Barriere zwischen dem Inneren und dem Äußeren im Krankenhaus zusammenbricht; ich hätte mir gewünscht, es wäre so, ich würde buchstäblich verrückt werden. Aber ich hörte nie richtig auf, zu denken oder zu versuchen, Antworten zu finden – wie ich es nannte. Ich ruhte mich nie von meinem Geist aus und bekam nie Ruhe vor ihm: Wo bin ich, was tue ich hier, was bedeutet es, wie fühlt es sich an?

Ich fühlte mich schuldig, weil Susan die offiziellen Dinge für mich übernehmen mußte und weil nur sie wußte, wo ich war. (Nach zwei oder drei Tagen erzählte ich es meiner Schwester

Martha und dann meinen Eltern; eigentlich wollte ich zu der Zeit meine Eltern nicht sehen – ich weigerte mich strikt –, bis ich schließlich nachgab. Sie kamen zu Besuch.) Im Krankenhaus hatte man sich zur Aufgabe gemacht, die Patienten zu befähigen, mit der Welt draußen umzugehen, also versuchten die Ärzte, Schwestern und die Therapeuten verschiedenster Couleur genau das.

In den Berichten der Ärzte und Schwestern liegt die Betonung immer auf dem Erscheinungsbild und der Nahrungsaufnahme des Patienten. »Pt aß nicht gut ... ist ungepflegt, trägt immer dieselbe Kleidung ... zurückgezogen, blieb in ihrem Zimmer ...« Ich weinte viel, war deprimiert und gelangweilt. Doch zum Teil hatte das mit dem Ort selbst zu tun. Aber am Ende spielte ich mit, fügte mich, wie ich das in allen anderen Bereichen, allen anderen Phasen meines Lebens getan hatte. »Sauber gekleidet«, hieß es dann in den Berichten, »angenehmes Erscheinungsbild ... Kontakte im Tagesraum, beteiligte sich an diversen Aktivitäten, sah fern, spielte Scrabble.« Ich begann, meine Zeit dort als Erfahrung an sich zu betrachten, mit einem eigenen Reiz. Ich las, ich saß auf dem Fensterbrett und blickte auf ein mir unvertrautes Brooklyn, ich rauchte Zigaretten im Tagesraum, ich nahm an diversen Aktivitäten teil.

Es herrschte eine ungebrochene Fröhlichkeit, trotz des kleinen Kevin mit den dick bandagierten Handgelenken und trotz der Patienten mit ihrem benommenen Gesichtsausdruck und den glasigen Augen, die endlos auf dem Flur mit dem orangefarbenen Teppich auf- und abschlurften. »Wie geht es Ihnen heute?« fragten die Schwestern fröhlich, wenn sie ihren Dienst antraten. Dabei hatte jeder auf irgendeine Weise einen Schaden. Man sollte mit den anderen »in Beziehung treten«, Kontakt aufnehmen, obwohl man nicht viel gemeinsam hatte – nicht einmal (oder vielleicht gerade nicht) den Grund, warum man hier war. Meine Zimmergenossin war eine depressive alte Frau, die schnarchte. Die bloße Vorstellung von Zimmergenossen erschien mir kontraproduktiv; und doch sollte man »miteinander auskommen«.

Andererseits war das Krankenhaus für mich ein Auffangbecken in einer Zeit, in der ich aufgefangen werden mußte, in der vielleicht auch der Doktor mich aufgefangen wissen mußte. Vielleicht dachte er, es würde mir Ruhe verschaffen – so daß ich weinen konnte, solange ich eben weinen mußte, ohne mir über mein Alltagsleben Sorgen zu machen, und dann in meine Wohnung gehen konnte, ohne zu denken, daß ich sterben müßte.

Einige Dinge berührten mich. Ich hatte etwa das Gefühl, eine Art Beziehung zu Dr. S. zu haben, dem Krankenhausarzt, der für mich verantwortlich war, obwohl ich nicht glaube, daß er wirklich erkannte, was ich durchmachte. Da war auch die Erfahrung mit Yoga und mit Töpfern. Und schließlich gab es einen Beschäftigungstherapeuten, Bob, den ich wohl mochte. Er erzählte mir von dem Quäker-Friedhof im Prospect Park in Brooklyn: auf einem Hügel, versteckt, mitten in der Anlage. Ich war nie im Prospect Park gewesen; vielleicht machte mir das Hoffnung.

Nach der ersten Woche ging ich einen Tag lang in meine Wohnung. Nach der zweiten Woche – ich sollte am Ende der dritten Woche entlassen werden – hatte ich übers Wochenende Ausgang, um meinen Umzug zu organisieren. Mein Vater kam, um mir zu helfen, und eine Freundin, die in der Nachbarschaft lebte; Susan war auch da.

Andererseits war Hoffnungslosigkeit vielleicht ein Merkmal des Krankenhauses: Soforteinsatz mit Pflastern und Bandagen, den ich im Grunde für nutzlos hielt. Als ob ich damals schon gewußt hätte, was in den nächsten Monaten geschehen würde, nachdem ich entlassen worden und in die Wohnung umgezogen war. Man könnte sagen, damals begann der wirkliche Zusammenbruch.

Der Abschlußbericht des Krankenhausarztes besagte: »Patientin gepflegt, gut gekleidet – verbesserter Gemütszustand und sozial aufgeschlossen« und »eindeutige Verbesserung ersichtlich«.

## Ein neuer Behandlungsansatz
## (Fayek Nakhla)

Grace hatte die Trennung von Susan allein durchgemacht und war erst ganz zum Ende fähig, mir ihr Entsetzen darüber mitzuteilen. Sie kam damals schluchzend zu einer Sitzung, mit einem Gefühl der Depersonalisation – »Mein Kopf fühlt sich nicht mit dem Rest meines Körpers verbunden« – und voller Angst, daß sie sterben müsse. Das versetzte mich in einen Angstzustand. Ich war zweifelsohne nicht darauf vorbereitet und in einem Zustand äußerster Verstörung, weil Grace von einer psychotischen Dekompensation bedroht und möglicherweise suizidgefährdet war. Ich entschied, sie ins Krankenhaus einzuweisen. (Offensichtlich brachte ich meine Gefühle sehr drastisch dadurch zum Ausdruck, daß ich sie fast anbrüllte. Aus dem Tagebuch von Grace: »Sie haben all dies durchgemacht und konnten es nicht einmal Ihrem verdammten Psychiater erzählen!«) Ich erklärte Grace, daß das Krankenhaus ein Ort sei, wo sie ihre Gefühle loslassen und ausdrücken konnte.

Drei Wochen lang war Grace im Brookdale Hospital, wo ich die Ausbildung zum psychiatrischen Facharzt betreue. Ich besuchte sie regelmäßig, beschloß jedoch, mich nicht aktiv an ihrer Behandlung zu beteiligen: Ich begrüßte die Gelegenheit, die Ansicht der Krankenhausbelegschaft über Graces Zustand zu erfahren. Tatsächlich verlief ihr Aufenthalt im Krankenhaus bemerkenswert ereignislos, und sie »erholte« sich schnell. Man diagnostizierte sie als depressiv und verschrieb ihr Antidepressiva.

Graces Krankenhausaufenthalt erlaubte es mir, einen Schritt zurückzutreten und einen erneuten Blick auf das zu werfen, was in den vorangegangenen achtzehn Monaten zwischen uns geschehen war. Als ich ihre Briefe und das Tagebuch noch einmal las, war ich bewegt von ihrem bedrängenden Gefühl der Nicht-Existenz und ihren Gefühlen von Unwirklichkeit und Sinnlosigkeit gegenüber dem, was sie als ihr falsches Selbst und ihr falsches Leben erlebte. Ich sah jetzt, daß diese Gefühle in ihren Aufzeichnungen deutlich zum Ausdruck kamen und daß ich nicht in der Lage gewesen war, einen Zugang dazu zu finden.

In meinem Bemühen um ein neues Verständnis von Graces psychischem Zustand kam ich auf Winnicott, insbesondere auf seinen Aufsatz ›Ego Distortion in Terms of True and False Self‹ (1960c) und auf die klassische Abhandlung von Helene Deutsch (1942), in der sie die ersten klinischen Untersuchungen dessen präsentiert, was sie die »als-ob«-Persönlichkeit nennt. Winnicott entwickelt sein Konzept des wahren und falschen Selbst in einer Reihe von Abhandlungen (1949a, 1955, 1960c, 1963b). Laing gibt in seinem ersten Buch ›Das geteilte Selbst‹ (1960) eine umfassende und grundlegende Studie mit prägnanten phänomenologischen Berichten der Erfahrung der Selbst-Entfremdung. Er verwendet die Begriffe »Tod-im-Leben«, »unverkörpertes Selbst« und »falsches Selbst« zur Beschreibung der Empfindung, nicht man selbst zu sein.

Ich war mit diesen Konzepten vertraut. Während meiner psychoanalytischen Ausbildung Mitte der sechziger Jahre in London fiel einer meiner Kontrollfälle in den Bereich, den Winnicott »Analyse auf der Basis einer Arbeit mit dem falschen Selbst« nennen würde. Meine Erfahrung mit diesem Analysanden schien auch sehr Helene Deutschs Beschreibung einer ihrer Fälle von einer »als-ob«-Persönlichkeit zu entsprechen: »Die Analyse war extrem reich an Material, führte aber in ein emotionales Vakuum. Die Übertragungen erschienen zwar ständig in den Träumen und Fantasien (des Patienten), entwickelten sich jedoch niemals zu einer bewußten emotionalen Erfahrung.«

In meinem Kontrollfall beschwerte sich der Analysand nie über die Verarmung an Emotionen beziehungsweise über deren Abwesenheit – daß dies jedoch der Fall war, wurde erst nach fast zwei Jahren Analyse offensichtlich. Ich beschloß, zu versuchen, mit seinem Mangel an Gefühlen zu arbeiten, und bat ihn, sich auf einen Stuhl zu setzen und mich anzusehen. Seine ersten an mich gerichteten Bemerkungen verwirrten und beunruhigten mich zutiefst: »Ich weiß, daß ich seit zwei Jahren hierher komme und mich auf diese Couch lege. Wenn Sie mir jedoch sagen würden, daß das nicht geschehen ist, würde ich Ihnen glauben. So fühlt es sich an.« (Winnicotts Vorstellung von der Aufsplitterung des wahren und falschen Selbst wurde in der Supervision besprochen, aber meine Emigration in die Vereinigten Staaten verhinderte jede weitere analytische Arbeit in diesem Fall.)

Wie schon Helen Deutsch sagt, kann ein solcher Fall aber auch ein ganz gegensätzliches Bild abgeben; wie bei Grace kann sich der Klient des emotionalen Defekts dringend bewußt sein und davon verstört werden. In Graces Brief an Dr. P. zu Beginn unserer Behandlung beschrieb sie die Erfahrung ihrer in Schweigen verbrachten Sitzungen als »hoffnungslose Schlacht, aber die Hoffnungslosigkeit ist so real und so wahr wie sonst fast nichts; in diesem Sinne ist sie gut.« Andererseits sagte sie von ihrem sehr effektiv kultivierten falschen Selbst, das sie reibungslos durch ihren Alltag bringt: »Es ist irreal, es bedeutet nichts. *Ich* bin davon unberührt ... und zwischen dem und mir klafft eine schreckliche Lücke.«

In ihrem Brief an mich ein Jahr nach Beginn der Behandlung erklärte sie ausführlich, warum sie nicht glaubte, real zu sein, und sie beschrieb ihre innere Erfahrung von sich selbst als »einen Schatten«, »eine Nicht-Existenz«, »eine Gestalt namens Grace, die einen Raum einnimmt«, »eine Illusion«, »ein chamäleonähnliches Etwas, das die Farben seiner Umgebung annimmt«. Ich würde heute sagen, daß diese Beschreibungen auf ein extremes Maß an Dissoziation hinweisen, auf ein Ausbleiben der ersten Entwicklung hin zu einer Persönlichkeit, zu dem Gefühl eines körperlichen Selbst.

Winnicott (1960c) schreibt bei der Diskussion über die Folgen des Konzepts von wahrem und falschem Selbst für die klinische Praxis der Psychoanalyse:

»Ein Prinzip kann daraus abgeleitet werden, daß wir auf dem Gebiet des falschen Selbst in unserer analytischen Praxis nämlich mehr Fortschritte zu erzielen scheinen, wenn wir die Nicht-Existenz des Patienten anerkennen, als wenn wir über lange Zeit hinweg mit dem Patienten auf der Basis der Ego-Verteidigungs-mechanismen arbeiten. Das falsche Selbst des Patienten kann mit dem Analytiker in der Analyse der Verteidigung unendlich lange zusammenarbeiten und bei diesem Spiel sozusagen auf der Seite des Analytikers stehen. Diese unnütze Arbeit wird nur dann nutzbringend verkürzt, wenn der Analytiker auf das Fehlen irgendeines wesentlichen Merkmals hinweisen und das spezifizieren kann: ›Sie haben keinen Mund‹, ›Sie haben noch gar nicht begonnen, zu existieren‹, ›Körperlich sind Sie ein Mann, aber Sie haben keinerlei Erfahrung von Männlichkeit‹ und so weiter. Diese Einsicht in wichtige Fakten, im rechten Augenblick verdeutlicht, ebnen den Weg zur Kommunikation mit dem wahren Selbst.« (Winnicott 1965)

In Anlehnung an Winnicotts Prinzip beschloß ich, meinen Behandlungsansatz zu verändern und meine Aufmerksamkeit darauf zu richten, Graces wahres Selbst zu verstehen und zu versuchen, es zu erreichen. Um diese intensivere analytische Arbeit zu bewerkstelligen, schlug ich Grace vor, nach ihrer Entlassung aus dem Krankenhaus unsere Sitzungen auf viermal die Woche zu erhöhen. Ich empfahl auch eine wöchentliche Sitzung mit ihren Eltern. Ich hatte bereits Erfahrung als Familienthera-peut, und ich dachte mir, daß ich die Familienstruktur nutzen könnte, um Grace aus ihrem verletzlichen und isolierten Zustand herauszuholen. Sie war ohne weiteres mit diesen Änderungsvorschlägen einverstanden.

# 4  Ich bin tausend Scherben
## *(April bis November 1975)*

## *Unerträgliche Zerstörungswut (Grace Jackson)*

Ich kam aus dem Krankenhaus in eine Wohnung, die ich nur an den Möbeln, den Gegenständen erkannte: an dem Stuhl, dem Teppich, dem Garderobenständer, den Büchern, den Körben, die an der Wand hingen. Ich sah, daß sie mir gehörten, aber ich sah mich selbst nicht. Ich hatte ein klein wenig Hoffnung, daß die Wohnung mir vertraut werden würde, daß ich mich in ihr selbst finden würde. Ich schrieb: »Solange ich den Doktor habe, werde ich wohl zurechtkommen ... Zurechtkommen? Was bedeutet das? Ich will nicht in Scherben zerbrechen. Wirklich nicht? Tja, da bin ich mir eigentlich gar nicht so sicher.« Und: »Ich war drei Wochen lang weg, und ich kann nicht sagen, wo ich gewesen bin. Ich war krank. Sehr krank. Ja, es geht mir jetzt besser. Ach was, eine eklatante Lüge: Es geht mir überhaupt nicht besser; mir scheint, als ob ich den Zusammenbruch nur hinausgezögert habe, ihn verlangsamt habe.«

Mein ganzes Leben lang hatte ich gesagt, daß alles in Ordnung sei, wo ich doch wußte, daß es das nicht war. Jetzt hatte ich die Chance, das laut zu sagen und eine Zuhörerschaft zu haben, aber ich war nicht sehr laut, und ich war mir auch nicht sicher, ob mir jemand zuhörte oder ob nur ich selbst es glaubte.

Der erste Rückschlag war der Verlust meiner Arbeitsstelle: Der Journalist, für den ich gearbeitet hatte, hatte herausbekommen, daß ich im Krankenhaus in der Psychiatrie gewesen war, und er wollte nicht, daß ich noch länger für ihn arbeitete. Statt es mir selbst zu sagen, rief er den Doktor an, der es mir daraufhin erzählte. Man versetzte mich in eine andere Abteilung innerhalb des Hauses, aber zwei Stunden am Tag tippte ich nach wir vor für den Journalisten. Ich war wütend und fühlte mich gedemütigt; doch es überraschte mich, daß das, was ich für mein innerstes Selbst gehalten hatte, eine Wirkung auf mein äußeres Selbst, mein In-der-Welt-Sein haben konnte.

Ich sah den Doktor jetzt viermal die Woche, einmal die Woche fand im Anschluß an die Sitzung mit mir eine Sitzung mit meinen Eltern statt. Ich haßte sie, aber ich war einverstanden, weil der Doktor meinte, sie sei notwendig. Nach einer Sitzung Ende April schrieb ich in mein Tagebuch (seit meinem ersten Besuch beim Doktor hatte ich stets versucht, meine Version jeder Sitzung aufzuzeichnen: Fragmente, Impressionen, ganze Dialoge):

»Ich laufe in der Praxis des Doktors auf und ab wie ein Tier im Käfig, zerreiße Taschentücher, lasse die Schnipsel auf den Boden fallen. Ich reiße ein Blatt von der Topfpflanze in der Ecke ab, das Blatt ist trocken und brüchig, ich zerkrümele es, werfe die Krümel auf den Sessel, auf den Doktor.

Meine Eltern. Ich spreche jetzt auch mit ihnen, aber es macht immer noch keinen Sinn. Und meine Freunde: Es ist nicht so, als ob mit euch etwas nicht stimmte: Ihr wißt ja so gut, wie ihr euch fühlt, was ihr denkt – mit euch muß ja alles in Ordnung sein.

Was wißt ihr denn schon?

Ich tigere auf und ab und werfe die Krümel des Blatts auf seinen sauberen, glänzenden Anzug. Ich schauspielere und drücke dabei eine bewegende Zerstörung aus. Solange es sich darauf beschränkt (was für ein Wort), Blätter zu zerkrümeln und Taschentücher zu zerreißen, halten mich alle für harmlos. Doch es gibt keine Garantie, daß es sich darauf beschränken wird; es könnte lediglich die Ruhe vor dem Sturm sein, und ich könnte zerbrechen. Ich weiß das, und ich habe Angst. Gestern habe ich trotz dieser meiner Angst ein Päckchen Rasierklingen gekauft.«

Normalerweise ging ich zu Fuß zur Arbeit; ging während meiner Mittagspause spazieren, ging abends zu Fuß nach Hause. Zu Hause überlegte ich mir, wie ich den Abend überstehen könnte: »To-do-Liste: um zweiundzwanzig Uhr dreißig Monty Python ansehen, null Uhr dreißig Yoga; eine Zigarette, etwas essen, den Boden wischen.« So baute ich etwa ein Bücherregal aus Brettern und Ziegeln, kratzte die Farbe am Fensterrahmen ab. Ich säumte einen Rock ein, sah mir Filme im Fernsehen an.

»Und doch habe ich Angst ...

Warum kann ich nicht einfach weiterhin arbeiten gehen, mich in meiner neuen Wohnung häuslich einrichten, ausgehen, Freunde einladen und ein- oder zweimal die Woche zu meinem Psychiater gehen, um die Vergangenheit aufzuarbeiten? Warum kann ich nicht einen Tag mit Emily verbringen oder einen Abend mit Christopher, nach Hause gehen, vielleicht etwas lesen und dann einschlafen? Warum muß ich eine Schlaftablette nehmen oder viele Stunden damit verbringen, meine Übelkeit zu überwinden?

Der Doktor. Er nimmt meine Hand, legt seinen Arm um mich, seine Hand auf meinen Kopf. Dann bin ich da, ist er da: ganz real. Körperlich anwesend. Aber ich gehe hinaus in das Vakuum der Straßen. Sonne, Wind, Fußgänger, Kauflustige. Ich schließe mich ihnen an; sie merken nicht, daß mit mir etwas nicht in Ordnung ist, vielleicht merken sie auch überhaupt nichts. Was tun andere Menschen mit ihrem Zorn, ihrer Gewalttätigkeit, ihrer Zerstörungswut? Wenn ich beim Doktor sitze, will ich mich selbst umbringen, mich selbst beenden, in Scherben zerfallen, für immer aus den Augen verschwinden. Ich kann nicht aushalten, was ich fühle, kann es nicht ertragen. Und doch kann ich mein Gefühl nicht länger leugnen, es nicht länger diesem oder jenem Ereignis, dieser oder jener Erfahrung aus der Vergangenheit oder Gegenwart oder einer Person aus Vergangenheit und Gegenwart zuschreiben: dunkle Ernte der Vergangenheit.

Alles steckt in mir fest, gärt und fault, wird brandig. In alten Zeiten hätten sie mir Blutegel angesetzt, hätten mir die schleimigen Sauger auf den ganzen Körper gesetzt, um das böse Blut herauszuziehen. Ich wäre hinterher ganz und gesund gewesen. Vielleicht wäre ich auch daran gestorben, aber das war die einzige Heilmethode, die man damals kannte. Ich möchte mich selbst wie ein Egel aussaugen, mit den scharfen zweischneidigen Klingen, aber ich könnte dabei sterben. Und obwohl ich nicht weiß, wie ich leben soll, glaube ich nicht wirklich, daß ich sterben will.

Ich tue, was man mir sagt: Ich gehe zum Arzt, zur Arbeit, weil man mir sagt, daß es mir dann besser gehen wird. Und wenn ich in der Mittagspause durch die Straßen wandere, frage ich mich, ob das so ist, und ich komme nach Hause und frage mich, ob das so ist.«

Ich dachte an den Tod; schrieb darüber, hielt ihn schriftlich fest: meinen Tod. Ich stellte mir vor, ich würde Abschiedsbriefe an all meine Freunde und Freundinnen verfassen, die Menschen, die ich immer seltener sehen wollte. Meine Gefühle verlagerten sich ins körperlich Erfahrbare, in den physischen Teil meines Selbst. »Nicht zu schlafen ist – ebenso wie der Versuch, den Körper zu kontrollieren – zu versuchen, ihn verschwinden zu lassen, eine Möglichkeit, ihn fühlbar zu machen. Ihn schutzlos und schwach zu machen. Ich *spüre* den Schmerz meiner Beine, meines Rückens, die Schwere meiner Augen.« Ich dachte an die Rasierklingen. Aber zuerst schnitt ich mir die Haare ab. »Entstellung« nannte ich es und stellte mir vor, wie meine Mutter weinte: Was hast du dir nur angetan?

»Ich pflegte mein Haar lang zu tragen, es hing mir ins Gesicht, bedeckte mein Gesicht. Jetzt ist mein Gesicht nackt, offen für die Welt, steht für sich und leer da. Leer: Vielleicht ist das ja das Wort, die Definition.«

Ich saß mitten auf dem Fußboden und zerriß Zeitungsblätter. Die ganze ›Sunday Times‹. Aus den Zeitungsblättern gestaltete ich ein Bukett, das ich in einen Blumentopf steckte, den ich selbst gemacht hatte. Das Gesteck wollte ich dem Doktor geben. Nur wenige Tage, nachdem ich es angefertigt hatte, erkannte ich, daß es mich selbst verkörperte, daß der Topf die Stücke meiner selbst enthielt. Ich brachte ihn dem Doktor.

»Ein Bukett aus Zeitungen in einem blau und schwarz glasierten Tontopf. Er zog die Zeitungsseiten heraus und warf sie auf den Boden. ›Das sind in Wirklichkeit Sie.‹ Ich hob die Blätter vom Boden auf und zerriß sie in kleinere Stücke. ›Hier, ich schenke Ihnen den Blumentopf, ich habe ihn selbst gemacht.‹ – ›Ich glaube, ich werde ihn mit nach Hause nehmen und Blumen hineinstellen, keine Zeitungen‹, sagt er. Ich bohre nach: ›Was können Sie mit diesen Schnipseln anfangen?‹ Zeitungsschnipsel überall um uns herum. ›So fühlen Sie sich. Der Topf, die glänzende Oberfläche hält Sie nicht. Wissen Sie, eigentlich mag ich diesen Blumentopf nicht, er erinnert mich an Sie und Ihre Leere.‹ Ich sehe ihn fragend an: Darf ich? Er nickt zustimmend, und ich werfe den Blumentopf auf den Boden. Ich hätte nie gedacht, daß ich etwas zerstören könnte, das ich selbst gemacht habe. Ich konnte unvorsichtig sein, aber niemals vorsätzlich, bewußt etwas zerstören. Das verleiht mir die Hoffnung, daß ich den leblosen, in sich abgeschlossenen Teil meines Selbst zerstören kann; gleichzeitig aber stellt sich die Angst ein, daß ich nicht fähig sein werde, mit Zerstören aufzuhören, wenn ich erst einmal angefangen habe.«

Ich versuchte, meine Wohnung sauberzuhalten, das Geschirr zu spülen, die Zahl der Kakerlaken zu begrenzen. Aber dann verkam sie doch: überall dicke Staubschichten, Zeitungsschnipsel auf dem Teppich, überquellende Mülltüten, die ich nicht hinaustragen konnte, Abfall, Unordnung, Ungeziefer. Ich versuchte auch, mit meinen Bekannten in Kontakt zu bleiben: zusammen zum Mittagessen, auf einen Drink oder ins Kino zu gehen. Ganz zu Anfang drängten mich auch der Doktor und meine Eltern dazu. Aber es wurde immer schwieriger, ich haßte es immer mehr, wollte allein sein und isoliert.

»Mein Körper ist so schwach ... Und dann kommt ein Energieschub, und ich weiß nicht, was ich damit tun soll. Außer ihn auf bedeutungslose Tagebuchseiten zu ergießen: wenn ich von irgendwo, irgend jemandem, irgend etwas zurückkehre. Ich kotze es aus mir heraus. Das Schreiben ist keine Vollendung, Erfüllung, Kristallisation von Erfahrung, wie ich immer dachte, sondern ich will etwas loswerden, das mich berührt hat.«

Ich zerriß weiterhin Zeitungen mitten in der Nacht; meine Wohnung – eigentlich nur ein Zimmer – blickte auf einen kleinen Hof mit einem Götterbaum. Ich trug einen Krankenhauskittel, der irgendwie in meinem Besitz verblieben war. Ich schrieb: Ich fing mit einer Beschreibung an und endete in wilder Aufregung. Ich schluckte mittlerweile Librium. Ich sollte mir die Tabletten als den guten Doktor vorstellen; manchmal funktionierte es. Aber nur in Anwesenheit des Doktors hatte ich ein Gefühl von mir selbst beziehungsweise den Kontakt zu mir selbst; und das verschwand, sobald ich die Praxistür hinter mir schloß, und mußte das nächste Mal wieder ganz neu gewonnen werden. »Erst Unbehagen, dann Wörter, dann Wort-Übelkeit, dann vielleicht Tränen«, zum hundertmillionsten Mal.

Ich fing an, Glas zu sammeln: Scherben, Splitter. Ich fing auch an, mit den Rasierklingen meine Handgelenke zu zerkratzen. Sobald die Einritzungen verschwanden, hatte ich das Gefühl, neue machen zu müssen, »um mich selbst am Leben zu halten«.

»Der Doktor sagt: ›Sie haben Angst davor zusammenzubrechen, weil Sie glauben, ich könnte es nicht ertragen.‹ Ich sitze weinend auf meinem Stuhl, weine in mich hinein, mein Kopf schmerzt, ich weine in mich hinein, halte mich selbst im Arm. Ich halte mich fest, weil ich den Moment des Fortgehen-Müssens fürchte. Aber ich habe auch Angst, daß ich nicht in der Lage wäre zu gehen, wenn ich wirklich zusammenbräche ... Und dazwischen bist du voller Wut auf mich, du tötest und zerstörst mich immer wieder ... In dem Moment, in dem ich aus der Tür trete, fängt es an ... O halten Sie meinen Kopf, beenden Sie die pochenden Schmerzen. Einen Augenblick lang funktioniert es: Ich spüre ihn; ich bin ich; *bin* einfach. Und dann wird es zunichte gemacht, verfälscht, wie alles andere. Ich will nicht hinausgehen und wieder anfangen zu lügen ...

In der Mittagspause ging ich in den kleinen Park an der 53sten Straße und saß auf einer Bank mit Blick auf den Wasserfall, der den Lärm der Stadt ertränkt, starrte auf das sich ohne Ende über die glatten Felsen ergießende Wasser: all meine Tränen. Ich weinte, nur ein bißchen, aber innerlich fühlte ich das ohne Ende fallende Wasser. Wasser fällt: Es hört nicht auf, sondern wird durch irgendeinen Trick, irgendeine Mechanik zurückgepumpt, um die glatten Wände erneut herabzufallen. Wasserfall, Wasserschwall. Wasser schwillt, Wasser quillt. Fließt und fällt.

Der Teufel. Vielleicht ist er es, mit dem ich einen Pakt geschlossen habe und der mir die Freiheit gibt, so wütend, so irrational, so zerstörerisch zu sein, wie ich will. Ich habe meine Seele – meine Freiheit – für das Recht hergegeben, allein zu sein und wütend und voller Haß. Die Freiheit, zu sein oder zu fühlen, eine einseitige Freiheit: Freiheit von der alten Bindung, aber gekettet an diesen neuen Teufel.«

Rasierklingen, Schnitte auf meinen Gelenken, vollführt über dem Waschbecken im Badezimmer oder über der Badewanne: Ich hatte angefangen, nicht nur Glasscherben zu sammeln, sondern auch Flaschen. Die zertrümmerte ich auf den harten Fliesen, und dann warf ich mich selbst immer wieder gegen die Scherben. Schon Anfang Juli bereitete ich mich auf den Urlaub des Doktors im August vor. (»Er schreibt mir die Termine seines Verschwindens auf.«) Ich tötete ihn, tötete mich selbst, immer wieder. Anstatt über Blut und Zerstörung zu schreiben, werde ich zu Blut und Zerstörung.

»Töten, töten. Zerstören. Das ist mein Lebensgefühl. Ich fühle nichts anderes. Vielleicht kannte ich einmal etwas anderes, aber das ist so weit weg, liegt so weit hinter mir, daß es keine Bedeutung mehr hat. Es gibt keine Vergangenheit, die zurückerobert werden könnte. Nur die unerträgliche Gegenwart.

(Einige Stunden später.) Was habe ich getan? Ich habe versucht, dich zu töten. Meine rechte Hand kann ich kaum mehr gebrauchen. Der Schmerz. Ich weine inmitten der Trümmer, des Blutbads, und mache weiter. Und immer noch ist da weiches Weiß, unberührt; unentstellte Teile meines Körpers machen mich krank, so krank wie das Blut und der Schmerz und die furchtbare Schweinerei auf dem Boden. Diesmal werde ich ihn nicht, kann ich ihn nicht sauberwischen. Wie viele Flaschen?

Warum zählen? Ein furchtbarer Schwall: ein Loch im Handgelenk, tiefe Schnitte in der Hand, anscheinend von grünem Glas getönt ... Ich bin es, die dich bricht, zerbricht, aufschneidet, und du kehrst blutdürstig zu mir zurück ... Meine Kleider sind blutüberströmt. Eine klaffende Wunde auf dem Knie ... Laß mich schlafen. In dem Gestank und dem Schmutz des Blutes, des Schreckens.

Ich sitze wie festgeklebt auf diesem Stuhl und frage mich, was ich tue, was ich zu tun gedenke, was ich in den vergangenen fünf Stunden getan habe. Sagen Sie es mir. Sie, Herr Doktor. Antworten Sie mir, schreit sie. Haben Sie das von Anfang an kommen sehen, haben Sie gewußt, daß Sie mich in dem entscheidenden Moment meines Balanceakts auf dem Hochseil verlassen würden? Zerstörer und Retter. Ich weiß, ich nenne Sie meinen Peiniger, wo Sie es doch überhaupt nicht sind, wo ich es doch selbst bin. Nicht Sie gehen die Lafayette Street hinunter und schneiden Ihre bereits blutige Hand an den Whiskyflaschen im Straßengraben auf, suchen sich die Fenster aus, die Sie in der nächsten dunklen Nacht, der nächsten grauen Dämmerung attackieren werden. Die zerlumpten Männer, die in den Türeingängen liegen – sie halten mich nicht auf. Blutend gehe ich vorüber, und niemand sagt ein Wort.«

Bilder: Hochseil, Abgrund, der Doktor als Teufel, der Doktor als Peiniger; ich als Marionette an einer Schnur, die von ihm gezogen wird. Kakerlaken. Blut und Glas.

»Jeden Tag stehe ich auf und frage mich, was ich täte, wenn ich den Doktor am Abend nicht sähe. Jeden Tag – wie heute, wenn ich mit einer Art Schaudern und Zittern aufwache, wenn ich in Angst einschlafe, wenn ich denke, daß ich nicht schlafen will, nicht aufwachen will, nicht an die Stunden am Morgen denken will, bevor ich zur Arbeit gehe, nicht an den Weg zur Arbeit, die Arbeit selbst. Mir ist, als ob ich einen Körper in meiner Hand halte, ihn im Griff habe und etwas mit ihm tun muß. Ihn waschen, anziehen, ihm Nahrung geben, ihn zum Büro gehen oder fahren.«

61

Ich bin zu einer Flaschenexpertin geworden. Ich kenne die verschiedenen Flaschensorten, ihre Dicke, ihre Form, ihre Farben und die verschiedenen Arten, sie zu zerbrechen. Ich kenne auch die unterschiedliche Verletzbarkeit der Körperteile; wo am meisten Blut kommt, am meisten Schmerz. Bald kannte ich auch andere Orte der Zerstörung: Der Schweinerei in meiner Wohnung müde, ging ich hinaus, in Gassen, verlassene Häuser, heruntergekommene Stadtteile, zu menschenleeren Tageszeiten, im Dunkeln oder am frühen Morgen. Ich kam zerschnitten und blutend beim Doktor an.

Der Doktor sagte: »Sie wollen alles zerstören, was Sie sehen, weil Sie sich so fühlen: zerbrochen, zerrissen, zerschlagen.« Er hatte nichts verstanden: »Ich zerbreche nicht einfach eine Flasche, ich zerschlage sie mit meinen Armen, Gelenken, meinem Kopf immer wieder, bis sie ein Haufen winziger Splitter ist.« – »Sie haben das Gefühl, alles in diesem Raum zerschmettern zu müssen,« sagte er.

Ich fing an, nach dem Auto des Doktors Ausschau zu halten, zu überprüfen, welchen Weg er von seinem Haus zu seinem Büro in der Innenstadt nahm, wo er parkte. Es war der Versuch, ihn mir vorzustellen, wenn er nicht in seinem Büro war, sondern im Krankenhaus, in seiner Wohnung, in seinem Wochenendhaus, bei seiner Familie. Seine Sekretärin kannte meine Stimme. Eines Nachts wartete ich auf der anderen Straßenseite seines Hauses darauf, daß er kam: Ich beobachtete, wie er ankam, parkte, ins Haus ging. Nachdem er verschwunden war, zerbrach ich eine Flasche vor seinem Auto. Das war kurz vor seinem Urlaub.

Während seiner Abwesenheit suchte ich einmal die Woche Dr. S. am Brookdale Hospital auf. In der Zwischenzeit schrieb ich dem Doktor lange Briefe; oder vielleicht war es auch nur ein Brief. Mitten in seinem Urlaub kam er zurück, um mich zu sehen, zwei Stunden lang an einem Freitag morgen. An diesem Tag ging ich in meiner Mittagspause zu einem verlassenen Haus – mitten in der Stadt, Tudor City – und zerschnitt meine Hand; dabei zerriß ich eine Sehne. Zum ersten Mal suchte ich die Notaufnahme eines Krankenhauses auf; ich mußte genäht werden. Aber das hielt mich nicht auf. »Ich habe einen Körper, aber er besteht aus Fragmenten.«

September – der Urlaub des Doktors war vorüber. »Wir haben vier Sitzungen die Woche«, sagte er. »Wir schauen, was wir tun können, und wenn es nicht funktioniert, gibt es immer noch das Krankenhaus.« Er war damit einverstanden, die Sitzungen mit meinen Eltern zu beenden. Für mich war das eine große Erleichterung. Ich hatte sie gefürchtet und gehaßt; sie waren eine Mauer zwischen mir und meinem Selbst, mir und dem Doktor, eine Unterbrechung. Er sagte: »*Ich* muß mich um Sie kümmern, nicht Sie um sich, Sie müssen sich nicht zurückhalten. Zerbrechen Sie das Glas hier, schneiden Sie sich hier; gestatten Sie mir, mich um Sie zu kümmern. Tun Sie sich nichts, bevor Sie kommen oder nachdem Sie gegangen sind; versuchen Sie, es nur hier zu tun.« Wenn ich zerschnitten in seiner Praxis ankam, wusch er mir die Wunden aus und verband sie. Wenn ich dachte, ich müsse genäht werden, brachte er mich zur Notaufnahme und einmal zu einem Arzt um die Ecke. »Ist Ihr Therapeut nicht der Ansicht, daß Sie in einem Krankenhaus besser aufgehoben wären?« fragte dieser Arzt.

»Der Doktor ist so ein Dämon geworden, so ein guter Dämon und so ein schlechter Dämon, daß ich nicht viel von ihm schreiben kann. Und alles, was ich schreibe oder schreiben möchte, dreht sich um ihn. Ich verliere ihn, verliere den Kontakt, viel schneller als zuvor ... Sein, sein; sein, ohne zu denken. Laß die Couch deinen Verstand ersetzen. Doch es ist alles eine Reihe von Eingängen und Ausgängen: Fast kommt der Ausgang vor dem Eingang. Ich werde niemals aufhören, Glas zu zerschmettern, weil ich niemals erreichen will, was immer es ist, das ich erreichen will – nicht ohne zu sterben. Sterben: Es ist ein langsames Wort. Nicht ohne mich selbst zu töten. Was fühlst du gerade, frage ich mich selbst, und die Antwort lautet: nichts. Ich wußte sie schon vor meiner Frage. Tja, das ist nicht ganz richtig: Sie ist eine Instant-Antwort. Die tiefere Antwort lautet, daß ich mich angespannt fühle, nervös – er wird bald kommen, der Wahnsinn, der Irrsinn. O hör doch auf zu schreiben, Grace. Es tut dir nicht gut. Es schadet dir. Ist schlecht für dich.

Anstrengend, das zu erreichen, was immer dein Ich ist – du selbst; reines Sein. Fühlen. Ohne zu denken. Ich gehe in meine Wohnung und setze mich an die Schreibmaschine. Und nichts kommt heraus. *Nichts.* Ich schreie, weil sogar das Schreiben nichts mehr sagt. Ich kann nicht ausdrücken, was nicht auszudrücken ist. Ich weiß nicht einmal, was genau ich ausdrücken will, was ich erreichen will. Willst du dich bis zu deinem Herzen aufschneiden? Sie sitzt schweigend da und zerrt an ihrem Haar.

Es scheint, als ob ich an sie, an Susan, lange Zeit nicht gedacht habe, und dann bin ich plötzlich voll von ihr; aber ich glaube, das ist nur Schein. Ich glaube, daß ich in Wirklichkeit ständig an sie denke. An sie und an den Doktor. Der Rest, alle anderen sind in den Hintergrund getreten, sind an der Oberfläche, die abfällt, wenn ich diesen Raum betrete. Wie die Haut, aus der man sich schält ... Nimm eine Tablette, nimm zwei Tabletten. Die ganze Flasche voller Tabletten. Dann würdest du wirklich nicht mehr aufwachen. Aber ich will da sein, wenn sie mir zum Gedenken eine Kerze anzünden, an diesem Tag und an all seinen Jahrestagen. Ich will nicht sterben; ich will einfach nur verrückt sein, sie beobachten, wie sie mich wegtragen. Glaubt dieser Mensch, der sich selbst Doktor nennt, wirklich, daß er für mich etwas tun kann?

Für einen Verstand ohne Körper spricht sie sehr viel vom Körper; denkt viel daran. Du hast es erfaßt: Das ist genau der Punkt. Wenn es diese Trennung nicht gäbe, würdest du nicht so viel über die Hautfetzen, die Blutlachen, die Pflaster und die Formen der Narben hören.

Susan steht in meinen Gedanken und Vorstellungen für den Doktor: und für alles, was er verkörpert.«

Ich bin buchstäblich *nicht* intakt. Mein Körper ist voller Schnitte. »Der Ruhm des Glases«, »Der Ruhm, der Glas war«: Ich habe für mich selbst Überschriften, Titel erfunden.

Beim Doktor liege ich auf der Couch, weine, schlage mit den

Fäusten gegen die Wand. In der Nähe des Kamins bewahrt er eine braune Papiertüte mit Flaschen auf, die ich mitgebracht habe, und in der Schreibtischschublade einen Vorrat an Verbandsmaterial und Flügelklammern, die ich ihm gegeben habe. Mitte September war ich in der Lage, mich selbst zu nähen.

»Grace beim Doktor: dumm und dann angewidert; traurig, und plötzlich tobt sie wütend herum, zerstört die – für den Doktor – fühlbare, weiche, greifbare Traurigkeit des vorhergegangenen Augenblicks. Es ist, als ob der Augenblick zuvor ein Traum war, eine Benommenheit: etwas, das nie geschehen ist. ›Und dennoch‹, sagt er, ›ist die Wut der Alptraum, der Sie verrückt macht.‹

Abgang aus der Praxis des Doktors, Abgang des Doktors. ›Sie wissen, was ich tun werde; es ist nur die Frage, ob ich es hier oder auf der Straße tue.‹ Ich stehe auf und will gehen; er hält mich fest: Zittere ich? ›Fühlen Sie, wie ich Sie halte?‹ – ›Ja, und ich kann mich selbst nicht loslassen. Wenn ich es tue, ist alles vorbei. Ich will verrückt sein. Ich kann nicht loslassen.‹ – ›Soll ich Sie um neun anrufen?‹ – ›Ich weiß nicht ... ja.‹ – ›Wird es schlimmer, wenn ich anrufe?‹ – ›Ich weiß nicht.‹ – ›Tja, wie auch immer, ich werde Sie anrufen ...‹ Wie auch immer: Diese Worte sind in meinem Geist eingebrannt. Er läßt mich gehen. Ich kann nur gehen, weil ich nicht losgelassen habe. Welche Form wird sie annehmen, die bevorstehende Zerstörung? Ich werde mich nicht umbringen; aber es wird Blut fließen. Du weißt das.«

Manchmal renne ich, wenn ich die Praxis verlassen habe, manchmal bin ich wie benommen. Irgendwann dann gehe ich in eine meiner dunklen Gassen oder Eingänge und schneide mich in Stücke. Auch nach dem Essen. Ich treffe mich mit Menschen, manchmal sprechen wir allerdings nur am Telefon. Anatomische Experimente: nach den Handgelenken und Armen der Kopf, die Hüften, die Beine. Im Büro des Doktors geht es zunehmend blutiger zu, steigt die Intensität meines Selbstzerstörungswahns. Manchmal dachte sogar ich an das Krankenhaus als dem einzig möglichen Aufbewahrungsort für meinen Körper.

Der Doktor sagt: »Sie müssen sich weiter schneiden. Schneiden Sie sich weiter, Sie müssen in Kontakt mit Ihrem Körper, mit sich selbst bleiben, wie auch immer.«

»Manchmal läßt er wie ein Zauberer mit seinen Händen den Schmerz verschwinden. Betreibt Magie mit seinen Händen. Beweglich – so sind diese Hände. Er spricht mit seinen Händen; und dann ist da auch seine Stimme ... Letzte Nacht habe ich intensiv versucht, wieder seine Hand in meinen Haaren zu fühlen, die mich zur Ruhe bettet. ›Frieden‹, sagte er, ›Sie wollen Frieden, nicht den Tod. Aber wenn der Tod der einzige Weg ist, werde ich das verstehen.‹

Es ist wie das traurigste aller traurigen Lieder, die traurigste aller traurigen Balladen: Stücke und Berührungen. In Stücken zu sein, in Berührung zu sein. In Berührung mit den einzelnen Stücken des Körpers.

Ich will in bloßen Stücken vor ihm auftauchen. Wie kann es nur dazu kommen, zu dieser schrecklichen Wirkung.

Anatomie eines Handgelenks.

›Versuchen Sie, sich nicht zu schneiden‹, sagt er immer wieder; es ist fast ein Flehen. Ist er es leid, meine Wunden zu bandagieren? Das ist doch gar nicht nötig; ich kann mich jetzt selbst um alles kümmern ... ›Ich versuche es ja‹, sage ich, ›ich versuche es wirklich.‹ Ja, ich versuche es, aber die Flaschen, der Anblick von Glas, von Blut auf Glas, von klaffenden Wunden ist ein realer Teil meiner selbst geworden: der Anblick, das Gefühl, der Geruch, das Wissen über Flaschen und Anatomie.«

Bilder: Mit dir ertrinkt der Mensch, der versucht, dich zu retten; der Krankenhauskittel der Ruhe; ich schneide meine Hände oder Füße ab. Meine Mutter ruft den Doktor an, um zu fragen, wie es mir geht.

Mitte Oktober ziehe ich in die Wohnung einer Freundin, solange sie in Europa ist. Es gibt eine neue Nachbarschaft zu erkunden und eine elektrische Schreibmaschine: Ich schreibe fünfunddreißig Seiten in einer Woche.

Das Gefühl der Abhängigkeit vom Doktor wird intensiv, beklemmend: Er ist mein Leben. Ich sitze in der Falle. Grenzen verwischen: Wen will ich eigentlich zerstören, wer zerstört eigentlich? Die Angst, ihn zu töten – ist das nicht der wirkliche Grund, warum du dir die Hände abschneiden willst?

Gewalt gegen ihn: Meine braune Tüte steht immer noch in seiner Praxis; vielleicht kommt er morgens vor mir an, oder ich warte, bis er drinnen ist, bevor ich hineingehe, bewaffnet, um mich und ihn in kleine Stücke zu reißen.

»Ich weiß nicht, warum ich Sie weiterhin empfange«, sagt er. »Diese Erfahrung muß mir etwas bedeuten, obwohl ich nicht sagen kann, was. Wir stecken da zusammen drin.«

»Mit dem Leben leben.

Ich nenne die Szenen, die mir durch den Kopf gehen, Visionen, denn es sind keine Träume, nicht mehr. Ich nenne die verschiedenen Zustände meines Selbst Stimmen. Ich nenne den Doktor Teufel. Aber nichts von all dem hält mich davon ab, mein Leben im Griff zu halten: in der Lage zu sein, jeden Morgen mit einem mehr oder weniger normalen Aussehen zur Arbeit zu gehen – ob ich nun aus einem Alptraum komme oder von einer Wolke oder aus dem Gemach des Teufels. All diese vergeudete Stärke. Ich esse nicht richtig, und ich schlafe nicht richtig, und jetzt befinde ich mich inmitten eines Feldzugs gegen meinen Körper: ihn mit allen Mitteln, die mir zur Verfügung stehen, aufzubrauchen oder auszulaugen.«

Ich gelobte, mich eine Woche lang jeden Tag zu schneiden: zurück zu den Rasierklingen.

»Wenn man sie mit dem Rücken gegen die Wand drängt, hat sie die Realität perfekt im Griff«, sagt der Doktor zu meiner Mutter.

Eine Abhandlung über das wahre Leben.

Die Mutter, die *da* ist.

»Sie müssen aufhören, sich selbst zu schneiden, oder Sie werden sich von mir abschneiden«, sagte er. Es war Anfang November. Er muß mit seiner Geduld fast am Ende gewesen sein. (»Gehen Sie sich die Hände waschen, *ich* kümmere mich darum.«

Das Zimmer war voller Glas, und der nächste Patient stand vor der Tür.) Das Wort Krankenhaus fällt, doch ich werde »gut«, sobald er ernst klingt: mir droht.

»Aber ich will entfliehen; herauskommen.

Du willst Frieden, Ruhe finden; in dir selbst, selbst wenn das den Tod bedeutet.

Ja, Frieden, Ruhe finden, ich ritze mich selbst, tiefer und immer tiefer gelange ich nach innen.

›Sie müssen nicht sterben; versuchen Sie, einfach zu *sein*; Sie erfahren dann etwas Wichtiges ganz neu; versuchen Sie es einfach ohne Blut.‹ (›Sehen Sie, ich bin kein sehr guter Arzt‹, meint er. Er will damit sagen, daß der Schnitt eigentlich abgeklemmt werden sollte, aber er deckt die beiden fast gezackten Wundränder nur mit Pflastern ab.) ›Ich weiß, ich wiederhole mich‹, sagt er, ›aber ich muß es immer wieder sagen: Sie müssen es riskieren, mir zu glauben, Sie müssen an mich glauben, glauben, daß ich den Kontakt zu Ihnen nicht verlieren will. Eine Zeitlang darf es das geben, diese Ausschließlichkeit der Welt, diese Erschaffung einer Welt, die nur zwischen Ihnen und mir existiert.‹ – ›Für immer‹, sage ich. ›Natürlich: Von da aus, wo Sie sind, müssen Sie es so sehen.‹ Selbst aus diesen tiefen Schnitten fließt nicht viel Blut; wie verblutet man? ›Da‹, er berührt meinen Puls, ›das ist die Hauptschlagader: Sie hätten große Mühe, die Blutung dort zu stoppen.‹ Ich habe ihm die Rasierklingen ausgehändigt: symbolisch.«

Ich will nicht ins Krankenhaus, aber ich will auch nicht nicht hin. Das heißt, ich wünschte, ich könnte aus der Welt genommen werden, aus meinem Leben, und alleingelassen werden.

Ein »Schlachtfeld«, so bezeichnete er mein Handgelenk.

Immer mehr lebte ich allmählich in dieser »ausschließlichen« Welt von mir und dem Doktor.

»›Wissen Sie‹, sagte ich, ›Sie sind mehr bei mir, als es den Anschein hat. Es scheint, als ob ich Ihnen nicht vertraue, als ob ich etwas vor Ihnen zurückhalte, mich weigere, Ihnen zu glauben, Ihnen entgegenzukommen; aber Sie sind immer in mir, immer bei mir ... Ich spreche mit Ihnen jeden Augenblick des Tages. Ich wähle Ihre Nummer und sage nichts, aber in Wirklichkeit spreche ich die ganze Zeit mit Ihnen ... Ich vergesse Sie nie. Ich denke daran, wie Sie am Abend oder in der Nacht auf mich warten, und das ist auch eine Art des Überlebens. Sie müssen manchmal bei jemandem ein Risiko eingehen: gehalten werden, ohne überhaupt zu wissen, daß Sie gehalten werden. Ach, ich wünschte, es wäre wahr! Ich wünschte, indem ich die Worte ausspreche, könnte ich sie wahr werden lassen. Aber sie auszusprechen scheint fast das Gegenteil zu bewirken, scheint die Empfindung noch weiter außer Reichweite zu rücken ... Manchmal habe ich das Gefühl, Sie wollen sagen: Ich biete mich selbst an, alles, was ich habe, alles, was ich bin, und Sie wollen es nicht annehmen, wollen nicht reagieren. Und natürlich folgt daraus, daß Sie mich verlassen, mich fallenlassen, mich aufgeben werden‹. – ›Schneiden Sie sich nicht.‹ Und ich schneide mich.«

Der Doktor rettet mich aus dem Metropolitan Hospital. Ich hätte keine besonders gute Arbeit geleistet, hatte der Notarzt gesagt. »Werden Sie wütend, wenn Sie Menschen wie mir begegnen?«, frage ich. »Nein«, sagt er. »Sie tun es sich alle selbst an, auf die eine oder andere Weise.«

»Der Doktor: ›Ihr ganzer Körper muß schrecklich schmerzen so völlig ohne Berührung zu sich selbst.‹ (Wie kann er das, ohne es selbst zu wissen, sagen?) ›Es erfordert viel Mut, sich selbst so zu zerhacken, um das wirkliche, das wahre Selbst zu finden.‹

›All diese kleinen Schnitte sind nichts: höfliche, ruhige kleine Kratzer, die nichts bedeuten im Vergleich zu dem, was Sie wirklich fühlen: nämlich Ihre Hände abschneiden, sich selbst in Stücke schneiden zu wollen.‹

Was ist Blut, was bedeutet es? Ich glaube, es ist die Macht über den Körper, über mein Leben, die Verschmelzung von Selbst und Einsamkeit, distanziert, isoliert von allem, von jedem – und ganz besonders von mir. *Frei.* Was das Aufschneiden angeht: Ich weiß es immer ... außer in dem Moment, in dem es geschieht: Selbst dann weiß ich, ich weiß ... nein ... ich weiß, und gleichzeitig weiß ich nicht. Es geht einfach los, und dann kann ich nicht damit aufhören. Ich bin vollkommen gefangen, sitze in der Falle, in der Flasche oder in der Rasierklinge, zerschneide mich selbst hemmungslos in kleine Stücke. Alles für dich. Und warum, wenn du weißt, und ich weiß, daß du es weißt ... Denn du bist das Ich, das es nicht weiß.

O helfen Sie mir ... Ich will Ihnen vertrauen: Ich gehorche Ihnen, wenn Sie sagen, lassen Sie das Glas liegen, kommen Sie her und legen Sie sich auf die Couch. Sie haben mich wirklich im Griff, aber nur, wenn Sie in meiner Nähe sind. Sie sagen: Schneiden Sie sich nicht. Aber sobald ich weg von Ihnen bin, halten mich Ihre Worte nicht auf. Ihre Worte haben dann keine Bedeutung, keinen Sinn. Nichts hat einen Sinn, nur das, was Sie das Zerhacken nennen, um das Selbst zu finden: buchstäblich. Und es wird nicht, kann nicht aufhören.«

Ende November kam ich zu einer Sitzung mit einer langen Neonröhre, deren Ende abgebrochen war:

»Als ich hereinkam, sie in der Hand hielt, gezackte Stücke vom Ende der Röhre abbrach, sie in meiner Hand zerbröselte, sagten Sie: Sie wissen doch, daß ich kein Pflaster mehr habe. Glauben Sie, das kümmert mich? Sie glauben mir anscheinend nicht. Oder ist das eine verschleierte Drohung mit dem Krankenhaus?

So wie Sie mich gestern verließen, war ich nicht fallengelassen, sondern weggerissen von Ihnen. Viele Stunden lang widerstand ich dem Impuls, mein Blut fließen zu lassen, aber als ich aus der Untergrundbahn trat, lag sie da, diese lange, giftgefüllte Lichtröhre, und – kaum daß es mir bewußt war oder ich darüber nachdachte – trug ich sie schon die Park Avenue hinunter. Achten Sie einmal darauf, wie oft Menschen längliche, aufgerollte Dinge unter dem Arm tragen: Warum also sollte ich das nicht tun? Eben. Sie sind wütend und voll Schmerz und ruhelos, sagen Sie zu mir, und doch haben Sie irgendwie die Kontrolle. Sie wollen das Glas zu Boden schleudern oder eine Handvoll des von Hand zerriebenen, pudrigen Glases auf mich werfen, tun es aber nicht. ›Vielleicht können Sie darüber sprechen.‹ – ›Sie klingen wie ein Lehrer,‹ erkläre ich bitter. Das ist schrecklich, Sie weinen. Ich bin zum ersten Mal tatsächlich überrascht. Ein Lehrer ... aber schließlich bin ich ein Kind.

Ein Schlag gegen die Schulter oder das Knie oder einfach in meine Hände und dann gegen den Tisch, gegen den ich immer und immer wieder schlage: die Wärme meines Blutes, das auf der gläsernen Tischplatte gerinnt. Ich mache eine Zeichnung, ein Fingergemälde auf der Glasplatte ... Jetzt knien Sie neben mir auf dem Boden, nehmen mir das Glas weg, und ich habe wie immer nichts mehr als diesen erbärmlichen kleinen Schnitt, der nichts ist. Ich beginne zu weinen. Auch Sie wissen um die Bedeutungslosigkeit dieses lächerlichen Kratzers. Ich folge Ihnen zur Couch, wo Sie sich dicht neben mich setzen, um mich herum, mich mit Ihrem Körper bedecken. Ich spüre es kaum. Eigentlich wollte ich Ihnen das Glas aus der Hand reißen, schreien, weiter auf mich einstechen, Sie anschreien: Halten Sie mich nicht auf. Doch ich gehorche unterwürfig.

Nach einer Weile sagen Sie: Legen Sie sich hin; ich werde es aufwischen. Ich lege mich mit geschlossenen Augen hin. Das Geräusch von Glas, das in den Papierkorb geworfen wird. Ich fühle es, dieses Geräusch, in meinem Magen. Sie werfen mich weg.

Ich hasse Sie, aber ich weiß, daß ich Sie nicht hasse. Ich hasse es, diese Erfahrung, was immer sie ist, immer wieder zu durchleben – angefangen bei ihrer Vorgeschichte, dem Vorbewußtsein des Selbst – und mich zu fragen, wie lange es noch so weitergehen wird.

Ich muß Rasierklingen haben, für heute abend oder morgen früh oder morgen abend, wenn ich Sie sehe. Sie haben das noch nicht gesehen: mich mit einer Rasierklinge. Klar und rein und direkt und so einfach. Sich der Erfahrung stellen, sie neu durchleben. Warum muß ich mich ihr stellen? Und doch hat Sprechen offensichtlich keinen Zweck. Oder ist nur wie die Kratzer, ein kurzes Sichtbarwerden, ein schneller Anblick oder ein Signal dessen, war ich fühle, eine angekratzte Oberfläche.

Der Grund, in einen erstarrungsähnlichen Schlaf zu fallen: es zu vermeiden, mich selbst umbringen zu müssen. Ich will nicht tot sein. Aber er wird zusehen, der Doktor, *Sie*, Sie werden es besser wissen als Worte, besser als Neonröhren, besser als die bereits zugefügten, eitrigen Wunden.«

In der nächsten Nacht hatte ich meine Rasierklingen. Und vielleicht hätte ich mich, als ich damit in der Praxis auf und ab ging, wirklich aufgeschnitten – und vielleicht sogar den Doktor. Auf jeden Fall war die Bedrohung so echt, daß er mich aufhielt und sagte, ich müsse ins Krankenhaus. Ich flehte ihn an, aber er bestand darauf. Ich nehme an, er hatte allmählich genug: Und vielleicht hatte ich das auch.

## Eine grundlegende Einheit (Fayek Nakhla)

Nach Graces Entlassung aus ihrem ersten Krankenhausaufenthalt im März vollzog sich in ihr eine schnelle und drastische Veränderung. Ihre erschreckenden Gefühle der Nicht-Existenz, die durch ihren inneren Rückzug, ihre fast katatonische Stille und das Schweigen in den vorangegangenen achtzehn Monaten in Schach gehalten worden waren, lagen jetzt endlich offen. Sie war sichtlich verängstigt; sie fand es auch schwer, einfach auf ihrem Sessel sitzen zu bleiben, und tigerte ruhelos durch die Praxis. Die Atmosphäre und die Gefühle zwischen uns waren angespannt, aufgeladen; und die Spannung wurde durch die erhöhte Zahl der Sitzungen noch vergrößert. Ich kommentierte ihre Gefühle der Bruchstückhaftigkeit und Zerstörungswut, aber ich hatte auch Angst; ich fühlte mich gezwungen, sie durch Berührung zu trösten, sie zurückzuhalten und zu zügeln.

In gewisser Weise waren die Anspannung und die Angst eine willkommene Abwechslung nach den vielen Monaten des Schweigens. Etwas schien zu geschehen, und ich fühlte, daß ich daran Anteil hatte. Die Sache mit den zerrissenen Zeitungsblättern und dem Zerschmettern des Tontopfs war ein lang ersehnter Durchbruch. Ich verstand sie, in Winnicotts Begriffen, als das Aushändigen des falschen fürsorgenden Selbst an den Analytiker und den Wunsch, das wahre Selbst zu erreichen.

Natürlich war Graces Trennung von Susan dieser Veränderung ihres Zustands und ihrer Beziehung zu mir vorausgegangen. Jahre später erzählte sie mir, wie ihre symbolische Einheit mit Susan zu ihrem Schweigen in den Sitzungen beigetragen hatte: Zu sprechen brachte die Angst mit sich, daß es nicht ihre Stimme, nicht ihre Gedanken waren, sondern Susans – darüber hinaus die Angst, daß dies ihre Beziehung zu Susan zerbrechen könnte. Ich erinnerte mich an Littles Erklärung, daß eine »bestehende Folie-à-deux zerstört werden muß, soll die Analyse Erfolg haben« (1958). Sie sagt auch, daß die nachfolgende Übertragung oft psychotischer Natur und begleitet ist von einer trügerischen Identifizierung mit dem Analytiker.

Im Laufe der Wochen, insbesondere vor meinem Urlaub im August, war Graces Verhalten in meiner Praxis immer verzweifelter geworden. Davon abgesehen, gab es nach wie vor wenig verbale Kommunikation, und sogar ihr offensichtliches Aufgewühltsein, beispielsweise das Auf- und Abtigern und das Weinen, war nicht an mich gerichtet, sondern schien an eine Leere gewandt zu sein. Ich versuchte, so ruhig wie möglich und mit ihr in Verbindung zu bleiben, indem ich ihre Gefühle zuließ. Wenn sie weinte oder ungewöhnlich angespannt schien, setzte ich mich oftmals still neben sie oder legte meine Hand auf ihren Kopf oder ihre Schulter. Ich verschrieb ihr ein angstlösendes Medikament (Librium). Grace sprach sehr wenig über ihr Leben, darüber, was sie durchmachte, oder über ihre Gefühle zu mir. Infolgedessen wußte ich nichts von dem Ausmaß ihres zerstörerischen Verhaltens – dem Zerschlagen von Flaschen auf der Straße oder zu Hause, dem Zerschneiden ihrer Handgelenke mit Rasierklingen und Glasscherben. Mir war auch nicht bewußt, wie wichtig ich für sie geworden war und wie sehr sie versuchte, sich in der Zeit zwischen den Sitzungen ein Bild von mir zu machen und es festzuhalten.

Bevor ich zu meinem vierwöchigen Urlaub aufbrach, ließ ich Grace wissen, daß ich nach der Hälfte der Zeit für einen Tag in die Stadt kommen würde. Wir vereinbarten, uns an diesem Tag zu treffen. Mir war damals nicht klar, daß das, was mir für sie als hilfreich erschien, sich für sie als zutiefst traumatisch herausstellen würde. Sie hatte noch kein stabiles internalisiertes Gefühl von mir und konnte sich durch mein Auftauchen und Verschwinden somit nur total überwältigt fühlen. Direkt nach der Sitzung fügte sie sich die erste ernsthafte Wunde am Handgelenk zu und beschädigte eine Sehne. Sie kümmerte sich selbst darum und suchte die Notaufnahme eines Krankenhauses auf.

Gegen Ende des Urlaubs erhielt ich einen Brief von ihr. Sie schrieb:

»Dr. S. sagte einmal, ich würde mich vor meinem eigenen Blut fürchten, vor dessen Anblick. Sie beide hatten mich wirklich fest in der Hand, gefangen zwischen Haß und Furcht. Aber heute können Sie beide stolz sein. Ich ließ es einfach tropfen und fließen. Ich wünschte, Sie könnten den Fußboden sehen. Meine Abscheu vor dem Melodramatischen wird mich davon abhalten, dieses Blatt Papier ins Blut zu tauchen, obwohl ich versucht bin ... Arme, verkrustet mit getrocknetem Blut und Glassplittern. Es war doch kein so gutes Glas. Ich werde zurückkehren müssen zu meinem verlassenen kleinen Haus und wieder Rasierklingen benutzen müssen. Ein schneller, tiefer Schnitt, schon erhält man einen See aus Blut. Aber jetzt habe ich alles aufgewischt, weil es mir Übelkeit verursacht. Zuvor jedoch habe ich Ihnen wie ein Kind eine Fingerzeichnung gemacht ... Ich werde versuchen, zu entfliehen. Ich weiß nicht, wohin, aber ich glaube, es wird einsam dort sein. Im Mittelalter hätte man gesagt, ich sei besessen. Tja, ich fühle, wie es wieder kommt.«

An späterer Stelle im Brief (er wurde über mehrere Tage geschrieben und war mehr ein Tagebuch als ein Brief) heißt es:

»Sie wissen, daß ich all diese Worte schreibe, um mich davon abzuhalten, etwas zu tun. Das namenlose Etwas. Vielleicht sollte/könnte ich einfach wieder Rasierklingen nehmen; das gibt keine so große Schweinerei wie bei den Flaschen. Aber sie stillen nicht den Wunsch nach Gewaltsamkeit, außer man wird ohnmächtig – und das ist dasselbe wie schlafen: Man wacht einfach auf, und die Gewalt ist nicht besänftigt, nicht gemildert, außer das Blut oder die Wunden verursachen einem Übelkeit. Schreibe ich das Ihnen? *Sie* kann ich fühlen, wenn Sie mich halten, wenn Ihre Hand auf meinem Kopf liegt oder in meinem ... ich weiß nicht. Es scheint, daß ich in ein Vakuum hinein oder in einem Vakuum schreibe – eine Leere. Kann Leere aus Stücken gemacht sein – zerrissenen Stücken, zerschlagenen Einzelheiten? Sie schien mir immer ein Ganzes zu sein – wie ein klarer Himmel, ein runder, farbloser, klarer Himmel.«

Dem Brief lag ihr Fingergemälde bei: ein Blatt, das auf beiden Seiten mit dickem, verkrustetem Blut und Glassplittern bedeckt war. Ich erkannte jetzt, wie isoliert Grace in ihrem inneren Aufruhr gewesen war und wie destruktiv sie ihr Gefühl von Fragmentation abreagiert hatte. Ich hatte ihr ihre Ängste vor dem Zusammenbruch nahegebracht, während ich gleichzeitig versuchte, ihre Fähigkeit, sich um sich selbst zu kümmern, zu unterstützen, und mich auf diese Fähigkeit verließ. Die Sitzungen mit ihren Eltern waren hinderlich, konzentrierten sich darauf, daß Grace in ihrem Alltagsleben weiterhin reibungslos funktionierte. Sie brauchte das Gefühl, daß ich völlig für sie da war.

Als wir unsere Sitzungen nach meinem Urlaub wieder aufnahmen, war ich nicht sicher, was mir bevorstand. Aber noch ehe ich es herausfand, hing ich bereits mit ihr »auf dem Hochseil« oder »über einem Abgrund«, wie sie es beschrieb. Dieser Kampf um Leben und Tod setzte sich in den nächsten drei Monaten fort.

Ich las noch einmal Littles theoretische und klinische Abhandlungen ›On Basic Unity‹ (1960) und ›On Delusional Transference (Transference Psychosis)‹ (1958) und Winnicotts Schriften, insbesondere seine Abhandlung ›Metapsychologische und Klinische Aspekte der Regression im Rahmen der Psychoanalyse‹ (1954b). Beide Autoren betonen, daß körperliche Handlungen in der Analyse eine zentrale Rolle spielen müssen und daß der Analytiker das Abreagieren tolerieren und sich aktiv daran beteiligen muß. Diese Handlungen können – und müssen – zwar auf einer verbalen Ebene interpretiert werden, aber erst später, wenn der Klient die Fähigkeit zu symbolischem und deduktivem Denken erlangt hat. Es tritt eine Regression hin zu einer absoluten Abhängigkeit oder zu dem auf, was Little einen Zustand der »grundlegenden Einheit«[5] nennt.

Sie definiert dies als eine psychische Undifferenziertheit zwischen Klient und Analytiker; das heißt, der Klient ist von der totalen Einheit mit seinem Analytiker überzeugt. Dabei ist der Klient vorübergehend Zuständen von Depersonalisierung ausgesetzt, die als Chaos und Annihilierung erfahren werden. Ihm ist ausschließlich eine einzige Sache bewußt: Kummer oder Schmerz von derart überwältigender Intensität, daß alles andere ausgelöscht wird, auch das Gefühl, eine Person zu sein, selbst eine leidende Person. Little beschreibt, wie die Angst vor der Annihilierung und das Verlangen, eine Identität mit dem Analytiker zu erschaffen, den Klienten dazu führt, diese Zustände der Depersonalisierung sowohl zu vermeiden als auch sie gleichzeitig zu suchen – koste es ihn oder den Analytiker, was es wolle.

Grace beschreibt dies genauestens in dem Tagebuchbrief, den sie mir an meinen Urlaubsort schickte:

»Monatelang habe ich mir beigebracht, mich an Sie zu wenden, an Sie zu denken anstatt an Susan, und ich hatte Erfolg, bis hin zu meiner eigenen Zerstörung. Ich glaube, Sie haben einen schrecklichen Fehler begangen. Sie haben sich meiner zu einer Zeit meines Lebens angenommen, in der ich am verletzlichsten war, am schwächsten. Sie ließen mich an sich herankommen, näher als an sonst jemanden auf der Welt: *Sie haben meine Existenz nicht nur von sich abhängig, sondern sich ganz zu eigen gemacht.*« (Meine Hervorhebung.)

Sie fährt fort:

»Ohne Sie könnte ich mich in aller Stille vom Leben abtrennen. Vielleicht wäre ich dann schon tot, aber ich werde wahrscheinlich eh bald tot sein. Aber Sie haben das vorerst verhindert. Scheiße. Jetzt ist die Bindung an das Leben unglaublich schmerzhaft. Es ist *Ihre* Hand. Sie haben es getan. Sie haben dieses Glas zerbrochen.«

An anderer Stelle schreibt sie:

»Oh, ich weiß, daß ein Satz nicht dem nächsten folgt, aber dieses Durcheinander ist mir bei Ihnen gestattet. Es erinnert mich an meine anderen gegen Sie gerichteten Wutanfälle und Schreie ... obwohl sie in Wirklichkeit alle in der Abhängigkeit von Ihnen ihre Ursache haben und in dem Wunsch, daß Sie mir sagen, was ich da tue – und wie ich mich töten kann, ohne zuerst Sie zu töten.«

Grace erlebte das Gefühl der Einheit mit mir und das Gefühl der Getrenntheit von mir ganz konkret, ganz körperlich. Sie schrieb in ihr Tagebuch (und bezog sich dabei auf die durchtrennte Sehne in ihrem Handgelenk):

»Sie schneiden mich von sich ab – meine Interpretation oder meine Verkörperung (mein Realmachen) dessen. Und am anderen Ende, weit versteckt, irgendwo in den Tiefen meines Armes sind Sie: Sie, den ich nicht sehe, nicht fühle. Der Ich-Teil ist reiner Schmerz. Wie steht's denn damit in der Analyse? In der Nach-erfolgter-Tat-Analyse. Gedichte werden immer erst analysiert, nachdem sie geschrieben wurden, Menschen (Taten) werden analysiert, wenn sie erwachsen (beendet) sind. Vielleicht ist das etwas, das ich niemals verstanden habe. Warum überhaupt das Bedürfnis nach Analyse? Es ist etwas Eingebautes, etwas Unfortnehmbares – nur nimmt meine Analyse jetzt verschiedene gewalttätige und zerstörerische Formen an. Natürlich sind diese Formen Handlungen, Reaktionen – keine Analyse –, und deren Analyse verursacht mir Übelkeit. Ich will nur, daß Sie mir etwas sagen, irgend etwas sagen.«

Es ist fast unmöglich – sogar heute noch oder vielleicht gerade, weil soviel Zeit vergangen ist –, meine Gefühle und Handlungen während jener Phase nüchtern zu beschreiben oder zu reflektieren. Graces Tagebuch dokumentiert vieles davon, und ihr Bericht in dem vorhergegangenen Kapitel vermittelt etwas von dem, was wir durchgemacht haben. Ihr Bericht meiner Darlegungen und Reaktionen (die ich nicht aufgezeichnet habe) läßt schmerzliche Erinnerungen an diese beängstigende Zeit wieder aufsteigen und die verstörende Wut und Intensität von Gefühlen erneut durchleben. Meine Reaktionen veränderten sich, wurden widersprüchlich – manchmal klangen sie wie ein Flehen oder wie eine Drohung. Insofern reflektieren sie die überwältigende Anspannung und die verwirrende Anstrengung, Grace einerseits das Gefühl zu vermitteln, daß ich völlig für sie da bin, und andererseits gleichzeitig zurückzutreten, getrennt von ihr und ganz bei mir selbst zu sein und ihr Leben und ihren Körper in ihre Hände zu legen.

Jede Sitzung und die Zeit zwischen den Sitzungen war für mich ebenso anstrengend wie für Grace. Ich erkannte und akzeptierte, ohne es ganz zu verstehen, daß Grace in ihrem Gefühl völliger Identität mit mir außerhalb meiner Praxis unfähig war, mit mir in Kontakt zu treten. Das beschäftigte und ängstigte mich. Mit meiner Sorge, daß sie in Gefahr war, versuchte ich umzugehen, indem ich Telefonanrufe mit ihr vereinbarte. Ich dachte, daß sie das brauchte, und es kam auch meinen eigenen emotionalen Bedürfnissen entgegen. Little zitiert einen ihrer Klienten: »Ich stelle fest, daß ich Ihnen etwas nicht gesagt habe, und das kommt daher, daß ich dachte, Sie wüßten es bereits... Es ist so viel leichter, mit Ihnen zu sprechen, wenn Sie nicht wirklich da sind, als wenn Sie da sind« (1960).

Die vorrangige Kraft, mit der ich an Graces Behandlung festhielt, war die Überzeugung, daß sie langsam zum Leben erwachte. Ihr körperlicher Schmerz, ihre zerstörerische Wut und ihre Selbstverstümmelungen sowie der Anblick ihres Blutes verliehen ihr mit der Zeit nicht nur das Gefühl von Lebendigkeit, sie fühlte sich auch real vorhanden und mit ihrem Körper verbunden. Mir war darüber hinaus bewußt, daß ich für diesen Prozeß von entscheidender Bedeutung war. Trotz der enormen Belastung und Gefahr glaubte ich, daß eine Unterbrechung des Geschehens schlimmer wäre. Vielleicht kämpfte ich gerade mit solchen widerstreitenden Emotionen, als ich zu Grace sagte: »Ich weiß nicht, warum ich Sie noch weiter behandle. Die Erfahrung muß mir etwas bedeuten, obwohl ich nicht weiß, was. Wir stecken da zusammen drin.«

Immer wenn Grace sich das Handgelenk aufschnitt, schien uns das in ein psychisches Einssein zusammenzubringen, aber gleichzeitig definierte es unvermeidlich unsere Getrenntheit. Diese Gefühle dauerten an, solange die Wunde heilte. Ich erkannte allmählich mit einem Gefühl der Erleichterung, daß sich in der Zeit der Wundheilung das Risiko, daß sie sich weitere Schnitte zufügte, verringerte. Tatsächlich schien Grace in diesen Zeiten ruhiger und stärker mit mir verbunden zu sein, sie zeigte ein gewisses Bewußtsein ihres Körpers und schien sich um ihren Körper auch zu kümmern. Gelegentlich bat sie mich, mir eine Wunde und die angelegten Verbände anzusehen, um sicherzustellen, daß es auch richtig heilte.

Ich wandte mich wiederholt an die Schriften von Winnicott und Little, in der Hoffnung, eine »Antwort« zu finden. In ihrer Abhandlung ›On Delusional Transference‹ (1958) betont Little, daß das Gefühl der grundlegenden Einheit die unbewußte Basis für das Übertragungsphänomen sei und daß der Analytiker es in vollem Ausmaß akzeptieren müsse, geistig untrennbar von seinem Klienten zu sein und dennoch eine eigenständige Identität zu bewahren. Sie fährt fort:

»Er muß herausfinden, was sich für ihn selbst als richtig anfühlt (das heißt, was er tun oder sagen will), und muß davon ausgehen, daß das für den Klienten gleichermaßen richtig ist. An diesem Punkt muß er eine Verpflichtung eingehen, selbst auf die Gefahr hin, einen Fehler zu machen. Der größte Fehler könnte nämlich darin bestehen, genau das *nicht* zu tun.«

Im letzten Absatz der Abhandlung schreibt sie:

»Ich habe über das ›Was‹ und ›Warum‹ gesprochen anstatt über das ›Wie‹. Das ›Wie‹ läßt sich nur schwer vermitteln. Sobald man Wege beschreibt, die den Lesern nicht vertraut sind, entsteht unweigerlich Angst und in ihrer Folge Mißverständnisse und Verzerrungen. Wir müssen weitestgehend auf unser Einfühlungsvermögen vertrauen, das heißt auf dieses Grundgefühl vertrauen, jedoch bereichert durch Erfahrung. Jeder von uns muß sein eigenes ›Wie‹ herausfinden, durch Versuch und Irrtum, indem er geschehen läßt, was in ihm geschieht, und dadurch die Gegebenheiten der Analyse selbst entdeckt.«

Obwohl ich bei der Lektüre keine Antwort auf meine Fragen fand, fiel mir auf, daß sowohl Little als auch Winnicott bei der Arbeit mit schwer regressiven Klienten die enormen Handhabungsschwierigkeiten und Gefahren für den Klienten ebenso wie für den Analytiker beschreiben. Ich erinnerte mich an Kommentare wie die von Little:

»Die instinktiven Impulse des Analytikers müssen so umfassend und direkt wie möglich eingesetzt werden. Sehr primitive Emotionen werden plötzlich in ihm geweckt, lassen ihm häufig keine Zeit für bewußtes Nachdenken, bevor er sprechen oder handeln muß. Die Gefahren, die es zugegebenermaßen gibt, sind – insbesondere angesichts der Schwere der Krankheit – abschätzbar: vorausgesetzt jedoch, seine eigene Analyse ist weit genug fortgeschritten, daß Sublimationen erfolgen können; vorausgesetzt, er ist reif, kennt seine Grenzen, hängt nicht von seinem Klienten ab und nutzt ihn nicht aus.« (1958)

In einer Sitzung im November 1975 stieß ich schließlich an meine Grenzen. Ich teilte Grace mit, sie müsse ins Krankenhaus. Einige Tage zuvor hatte sie sich tiefe Schnitte am Handgelenk zugefügt, und an diesem Abend hielt sie eine Rasierklinge umklammert und schritt unheilverkündend in meiner Praxis auf und ab. Sie schien mir ganz und gar verrückt zu sein, und ich fühlte mich von ihr regelrecht bedroht. Als ich zu meinem Schreibtisch ging, um ihre Einweisung ins Krankenhaus vorzubereiten, veränderte sich ihr Verhalten abrupt. Sie wirkte ängstlich, setzte sich mir zu Füßen und versprach, daß sie brav sein und sich nichts antun würde. Ich erklärte, daß ich keine derartigen Versprechungen von ihr wolle und ich sie ins Krankenhaus einweisen müsse, weil ich eine Atempause brauche. Das Krankenhaus hatte kein Bett frei, aber der für die Aufnahme zuständige Arzt bot an, Grace über Nacht auf der Isolierstation zu behalten.

# 5 Der zweite Krankenhausaufenthalt
## (November bis Dezember 1975)

### Ein Ort der Verwahrung (Grace Jackson)

Ich erinnere mich, wie ich ins Krankenhaus kam. Der Doktor hatte meine Eltern angerufen, und wir warteten in seiner Praxis auf sie. Ich nehme an, er hatte auch das Krankenhaus angerufen. Während wir warteten, mußte er eine andere Patientin fortschicken; ich hörte sie sagen: »Solange es *Ihnen* gut geht, Herr Doktor ...«

Drei Tage lang blieb ich auf der Isolierstation, unter ständiger Beobachtung. Eine Schwester saß draußen vor der verschlossenen Tür. Ich erinnere mich an das Nichts: Ich liege auf dem Bett (oder der Matratze), im Halbschlaf, und starre ins Nichts. Ich bin nicht gewalttätig; sogar eher friedlich – später erschien mir das Nichts als Symbol eines leeren, friedlichen Zustandes (obwohl »friedlich« etwas fast Positives impliziert, ungestört oder still wäre vielleicht der bessere Ausdruck, jedenfalls körperlich und geistig ruhig, inaktiv). Der Doktor besuchte mich; wir rauchten eine Zigarette. Ich aß nichts, trank nur Saft. Ich hatte einen Schnitt an meinem Handgelenk, der sich entzündet hatte und versorgt werden mußte.

Sie sagten, ich sei »suizidgefährdet«, eine einfache, simple Erklärung, warum ich dort war. Ich nehme an, ich sah auch so aus: »bleiches, ausgemergeltes Aussehen, ungepflegt« (stand in den Krankenhausakten), mit Schnitten an den Handgelenken und Narben. Ich selbst hielt mich nie für selbstmordgefährdet – aber damals sah ich mein körperliches Selbst auch nicht deutlich: Schließlich besaß es für mich keinerlei Realität, keine Verbindung zu mir. Dennoch war das, was zwischen mir und dem Doktor vor sich ging, zu kompliziert, um es zu erklären. Vielleicht brauchten wir beide, wie ich sagte, eine Pause.

Krankenschwestern, Ärzte, Therapeuten versuchten ständig, mit einem zu sprechen, einen dazu zu bringen, über sich selbst zu sprechen, über seine Probleme, aber diesmal wies mein behandelnder Arzt sie an, mich in Ruhe zu lassen. Und ich war auch nicht so entgegenkommend wie beim ersten Mal.

Aufzeichnung der Schwester auf der Isolierstation: »Hat sich nicht beklagt; weigerte sich zu duschen; verweigerte das Frühstück; trank viel; reagierte freundlich auf Ansprache; schlief immer mal wieder während der Schicht; kommunizierte nur sehr widerwillig ... P.S.: zwei Flaschenscherben in der Handtasche der Patientin gefunden.«

Ich erinnere mich, in einem Rollstuhl vom dreizehnten Stock (wo die Isolierstation lag) in den fünften Stock geschoben worden zu sein, meine Besitztümer (die Kleidung, in der ich eingewiesen worden war, meine Handtasche) auf dem Schoß, immer noch benommen. Ich wurde in den Raum gegenüber dem Schwesternzimmer gelegt und stand wieder unter ständiger Beobachtung. Die Tür stand offen, und eine Schwester saß immer davor. Im Raum waren zwei Betten in den gegenüberliegenden Ecken und ein großes Fenster mit einem schmalen Fensterbrett dazwischen. Das Badezimmer lag auf der Seite zum Flur – wenn man unter Beobachtung stand, entfernten sie das Schloß aus der Badezimmertür.

Ich kann mich nicht besonders gut an die ersten Tage erinnern. Meistens blieb ich in meinem Zimmer, lag auf meinem Bett oder sah aus dem Fenster; ich las oder starrte ins Nichts. Ich hörte Stimmen aus dem Schwesternzimmer: nicht die Worte, aber das Geräusch. Man konnte aus diesen Fenstern weit über Brooklyn sehen, bis hin zur Verrazano Bridge. Eines Nachts sah ich hinaus, und jemand befahl mir plötzlich, mich sofort vom Fenstersims zu entfernen. Ich war wütend, tobte. Sie dachten, ich wollte springen. Sie hielten mich auf den Boden gepreßt fest und gaben mir eine Spritze. Ich wollte nicht springen, nur hinaussehen und in Ruhe gelassen werden. Wenn man mich störte – oder mich nicht verstand – wurde ich nur um so gewalttätiger.

Es gab da eine Frau, die der festen Überzeugung war, ich sei ihre Tochter Sharon. Ich wurde wütend auf sie und schrie sie immer wieder an. Andere Patienten und die Schwestern versuchten, ihr das auszureden; einmal arrangierten sie sogar ein Gespräch zwischen uns (das muß allerdings später gewesen sein). Ich fühlte mich verfolgt von dieser traurigen alten Dame, die mir hinterherlief und »Sharon, Sharon« schluchzte und mir zu den Mahlzeiten einen Stuhl brachte. Ich hatte sowieso kein Gefühl für mich selbst, und für jemand anderen gehalten zu werden schien meine Nicht-Existenz noch zu bestätigen. Die einzige fühlbare Verbindung war die zum Doktor (wie schon bei meinem vorherigen Krankenhausaufenthalt). Verloren in mir selbst, wartete ich darauf, daß er kam. Er setzte sich zu mir, legte manchmal seine Hand auf meinen Kopf, und ich fühlte mich mir selbst mehr verbunden, ich fühlte, daß ich existierte, wenn auch als Einheit mit ihm. Mit dem Doktor verbunden sein hieß, mit mir selbst verbunden sein.

Nach dem anfänglichen fast benommenen Zustand kehrt mit der Zeit das Gefühl, die Dinge im Griff zu haben, zurück, und man haßt das Krankenhaus. Man will nur noch weg. Also begann ich alsbald mein Zimmer zu verlassen und mich mit einigen der Schwestern und anderen Patienten zu unterhalten. Gleichzeitig aber nimmt man wahr, wie schwach man ist, und man hat Angst vor der Entlassung. In den ersten beiden Wochen habe ich nicht einmal geschrieben.

Dann fing ich an zu töpfern. Der Tagesraum war langgezogen und gelblich, mit Fenstern auf einer Seite, die nach Südwesten gingen. Am anderen Ende standen ein großer Holztisch, der Beschäftigungstherapie-Tisch, eine Töpferscheibe und noch andere Sachen. Nahe bei der Tür standen die Tische, an denen wir die Mahlzeiten einnahmen, und da war auch ein Fernsehgerät. Nach einer gewissen Zeit blieb ich abends lange auf, spielte Scrabble, sah fern. Ich glaube, ich fing damit an, weil das Licht meine Zimmergenossin störte, wenn ich las und sie zu schlafen versuchte.

Gloria: Sie hatte vor kurzem ein Baby bekommen und danach versucht, sich aus dem Krankenhausfenster zu werfen. Eine große, sich langsam bewegende, langsam denkende junge Frau mit strohigem Haar. (Vielleicht kam die Langsamkeit ja auch von den Medikamenten.) Eines Nachts zerbrach sie im Badezimmer einen Parfümflakon und versuchte, sich die Pulsadern aufzuschneiden. (Möglicherweise entfernten sie erst da das Schloß von der Tür.)

Ich war extrem beunruhigt. Im Rückblick kommt es mir so vor, daß alles, das Gute wie das Schlechte, Interaktionen waren – wie man so sagt. Daß die Station tatsächlich ein ganz eigenes Leben hatte. Es gab keine Einsamkeit, keine Zuflucht. Die alten Damen, depressiv, hatten meistens ganze Packungen Tabletten geschluckt. Vielleicht war es ihnen bereits peinlich. Eine elektrische Schreibmaschine stand auf dem Beschäftigungstherapie-Tisch, und ich fing an zu tippen, in der Nacht, in die Nacht hinein, hatte Angst zu schlafen oder nicht schlafen zu können. Es war wie in alten Zeiten in meiner Wohnung, ich schrieb mich ins innere Chaos, und es würde nicht ohne Glasscherben oder eine Rasierklinge abgehen. Im Krankenhaus konnte dies nicht das Ende sein; in gewisser Weise war es eine Erleichterung gewesen, nicht schreiben oder denken zu können. Aus dem Tagebuch dieser Zeit:

»Ich wünschte, ich könnte einfach schlafen – zumindest gab es diese Erleichterung am Anfang, die Erleichterung, fast niemals das Bett zu verlassen, Schwäche von Körper und Geist ... ›Es dämmert Ihnen irgendwie, nicht wahr‹, sagt der Doktor. In der letzten Woche hatte ich eines Tages über diese Veränderungen gesprochen, von der Dunkelheit zum Licht zu der Dunkelheit, die den Tag oder die Nacht brechen. Ich hatte darüber gesprochen, wie ich nicht fähig war, sie zu sehen, diese Veränderungen, die die eigene Existenz bestätigen, diese Markierungen der Zeit. Hier achte ich absichtlich nicht auf den Sonnenuntergang: Es ist etwas Schmerzliches an dem Scheiden eines Tages, an dem man scheinbar nicht teilgenommen hat: den man vielmehr durch ein Fenster beobachtet oder nicht beobachtet hat.«

Alle waren fasziniert von meiner Schreiberei, wollten wissen, ob ich ein Buch schrieb, ein Buch über die Station; ich machte mir einen Scherz daraus und sagte ja.

Meine Schwester Eleanor und Jim, ihr Freund, kamen mit dem Bus aus Oregon, um mich zu besuchen.

Sobald man einmal aus seinem Zimmer aufgetaucht ist – sobald man seine Augen einmal geöffnet hat, könnte man sagen –, ist die Langweiligkeit des Krankenhauslebens erschreckend. Vielleicht ist es die Langeweile, die einen dazu treibt, teilzunehmen: bei der Beschäftigungstherapie mitzutun, mit anderen Patienten zu sprechen (oder ihnen zuzuhören), mit den Schwestern zu reden (es war kurz vor Weihnachten, sie waren alle voller Pläne, was sie kaufen, schenken wollten), Spiele zu spielen (Scrabble, Bingo: Eines Tages gewann ich ein Paar leuchtend grüne Plastikohrringe), fernzusehen, sogar einen Ausflug zu machen. (Ärzte kommen und verschwinden wieder; Schwestern sind Teil des Krankenhausalltags, sie erzählen von ihren Familien, Einkäufen, Ereignissen in ihrem Leben, wie das die Menschen an jedem Arbeitsplatz tun.)

Es ist wie im Kindergarten oder in einem Ausbildungslager der Armee; und diese »Aktivitäten« sind fast eine Beleidigung für einen erwachsenen Menschen. Aber bedeutenderweise ist man nicht erwachsen; ich jedenfalls war es nicht. Lassen Sie es mich so sagen: Ich hatte keinen Körper. Im Schnellverfahren wächst man noch einmal ganz neu auf. Das Krankenhaus kann nicht zulassen, daß man das in seinem eigenen Tempo tut. Man selbst will das auch nicht.

Es kommt der Punkt, wo man nur noch nach Hause will. Ich sagte, ich hätte Heimweh und wollte nach Hause, und doch hatte ich das Gefühl, kein Zuhause zu haben. Das war das Paradox: »Alles, was ich weiß, ist, daß mir dieses Leben, das man kaum Leben nennen kann, stinkt – aber was will ich sonst? Ich sah hinaus auf die nassen Straßen, in die frühlingshafte Dezemberluft und fragte mich, was sie für mich bereithalten könnte. Er (der Doktor) sagte einmal, die Frage sei nicht, ob die Welt da ist:

›Schauen Sie, Sie können sie sehen; die Frage ist, ob Sie in ihr sind oder sein können.‹«

Als ich entlassen wurde, ging ich nicht nach Hause, hatte nicht einmal das Gefühl, nach Hause zu gehen, sondern in eine heitere kontrollierte Pflegesituation: Ich lebte eine Weile bei meiner Schwester Martha. Anläßlich eines Freigangs war ich mit ihr ausgegangen. Ich erinnere mich sowohl an das Gefühl, zum ersten Mal seit Wochen draußen zu sein (außer einem Spaziergang über den Parkplatz zu einem Gespräch mit Dr. Frank, einem beratenden Psychoanalytiker) – die Aufregung von Luft und Bewegung – als auch an die Demütigung, beobachtet werden zu müssen, die ganze Zeit begleitet zu werden. Ich haßte es, und doch erkannte ich – fühlte ich – die Notwendigkeit dazu. Dann ging ich mit meinen Eltern aus, wir fuhren im Auto weg. Wir stiegen in Flushing aus dem Wagen und aßen zu Mittag. Der Bürgersteig glänzte: Glas, sofort mußte ich es berühren, es fühlen, spürte Blut, sah die Wunde. Aus meinem Tagebuch:

»Dieses Erholen ist ein langsamer Prozeß. Ich war lange nicht aus und stelle fest, daß der Anblick von funkelndem Glas in den Ritzen des Bürgersteigs ein ferner und schrecklicher Alptraum ist, von dem ich endgültig erwacht bin. Nein – es ist so nahe und peinigend wie immer, und nur größte Willenskraft hält mich davon ab ... Mir fällt auf, wie sehr ich auf die Schmerzen meiner Narben höre, verzweifelt nach der Realität körperlichen Schmerzes greife.

Die Chronik der Pointe Nummer fünf:

Haben wir Namen, oder sind wir namenlos? Ich versichere euch, ihr seid da und unter euren eigenen Namen geführt, und, ja natürlich schreibe ich über die Pointe Nummer fünf: Sprecht jetzt ein wenig lauter – ich habe die letzte Bemerkung nicht gehört. Kapitel 26: Sie sind sehr klein. ›Sechsundzwanzig‹ kam aus meinem Mund: Die Bedeutung liegt doch auf der Hand, oder? Mein Alter.

Zwölf Uhr dreißig. Die Mitternachtsschicht, George ist hier, er beschwert sich nicht über mein Tippen. Aber das Fernsehgerät ist eingeschaltet, und die Stimmen sind lauter als die mechanischen Geräusche. Henry, mein ›Freund‹, ist auch hier. (Er läßt mich tippen, wohingegen George eisern, strikt sein kann. Er trug nur einen Ohrring, lange bevor das Mode wurde.) Die Lichter gehen an: Da steht Thunfisch von der nächtlichen Party am Donnerstag. ›Hallo, Sekretärin‹, ruft George und winkt. Er trägt einen Teller mit Resten vom Abendessen. Sie schicken jetzt keine Belegschaftstabletts mehr, sondern kaufen Deckel für die hitzebeständigen Plastikteller.

Die ›Chronik‹ kam mir in der Nacht, eines Nachts, als ich gezwungen worden war, das Licht zu löschen und ruhelos dazuliegen. Wörter und sogar Satzfetzen, jetzt alles vergessen. Ich erinnere mich auch an Träume nicht mehr so deutlich, sie sind nur verschwommene Fragmente.

Linda kommt mich besuchen. Sie erzählt mir die Geschichte ihres Lebens. Es ist Teil der Therapie zu lernen, mit Fremden über die intimsten Bereiche deines Selbst, deines Lebens zu sprechen. Sie wird auch von P. (dem Stationsarzt) behandelt: Sie mag ihn und fühlt sich ihm nahe bis dahin, wo er für sie zu ›einem Mann‹ wird, doch da schreckt sie zurück. Achtundzwanzig Jahre alt und drei Kinder: ›Wenn ich es wieder tue, möchte ich keine Kinder mehr ... Ich will nur Spaß haben ... Ich weiß, was ich will, aber ich kann nicht danach handeln. Ich will zurück zur Schule, ich will mir und meinen Kindern ein Heim schaffen, ich will meinen Freund loswerden.‹ Ihren Freund seit sieben Jahren; ein Haus und drei Hunde und viele Katzen. »Aber will ich wirklich ihn loswerden? Oder ist es meine Mutter, die mich davon überzeugt hat? Meine Mutter, die recht alt ist und viel durchgemacht hat, auf die ich nicht wütend sein kann ... Ich kann hervorragend so tun, als ob. Ich will beschützt und umsorgt werden, aber ich will auch ein eigenständiges Leben führen. Viele Menschen sind stark, und viele sind schwach, und ich gehöre zu den Schwachen. Ich will einen netten Mann, der sich um mich kümmert und meine Kinder liebt. Aber Sie kennen ja die Männer; wenn die hören, daß man drei Kinder hat – das können Sie vergessen. Ich weiß, was ich will; ich weiß nur nicht, ob ich danach handeln kann, und darum behalten die Ärzte mich hier. Ich sollte eigentlich nach Hause gehen: aber ich weiß nicht, ob ich das ertrage.‹

(Linda ist eine hübsche rothaarige Frau, sanftes Aussehen, mit feinen Gesichtszügen und dünnen Lippen. Sie freundete sich sehr mit Rick, einem anderen Patienten, an; als sie beide entlassen wurden, wollten sie zusammenbleiben.) ›Seit ich hier mit jedem rede, fühle ich mich das erste Mal lebendig‹, sagt sie. ›Klingt verrückt, oder?‹ Überhaupt nicht verrückt: Ich wünschte, ich könnte dasselbe sagen. Man sagt mir, es ist wahr, ich bin lebendiger, realer, und manchmal fühle ich das selbst auch; aber wenn ich dieses Selbst nach außen richte, scheint es sich bei der geringsten Berührung mit einem anderen Menschen, mit einem Gefühl, einer Tat aufzulösen.

Ein Uhr dreißig. Lin ist zu Bett gegangen. Das wird kein Bestseller, sagt sie lachend. Ein Lachen ohne Bitterkeit. Selbst wenn sie sagt, sie würde alles anders machen, wenn sie noch einmal von vorn anfangen könnte, liegt keine Bitterkeit darin.

Manchmal schmerzen meine Wunden; manchmal flammt der Schmerz auf, als ob ein Schnitt neu gemacht würde. Eine Erinnerung daran, daß ich mich um mich kümmern kann. Laß es raus, bring es raus, laß die Worte … enden. Sie werden niemals enden: Es gibt immer eine neue Wendung, eine neue Schreibmaschine, eine neue Anordnung, einen Bleistift und die Rückseite eines alten Umschlags. Wie kannst du da versagen? Gefahr erkannt, Gefahr gebannt, heißt es. Noch ein Lieblingsausspruch: Hilf dir selbst, dann hilft dir Gott.

Sie machen mich wütend: Sie machen alle von ›uns‹ wütend. Diese ›psychologischen‹ Fragen, die wirklich jeder stellen könnte. Zwei Therapeuten sagen zum selben Zeitpunkt in der Gruppentherapiesitzung dasselbe. Sie haben dasselbe Lehrbuch gelesen. Jeder kann ein ›Warum‹ in eine Unterhaltung einwerfen oder kann ›Was spielt sich hier ab?‹ an den richtigen Stellen fragen. Jemand sagt, es sei zum Schreien. Der ausländische Doktor, der die Sprichwörter durcheinanderbrachte: Was bedeutet das: Man kann nicht zwei Vögel mit einer Klappe erschlagen? Sie können das nicht, sage ich.«

## Brief von Graces Schwester Martha an Dr. Nakhla

Sehr geehrter Dr. Nakhla,

letzte Woche besuchten Eleanor und ich Grace einmal allein. Sie kam mir immer vor wie ein Mensch, der in einem See lebt und der durch all sein Herumgezeter und -getobe den schlammigen Grund derart aufgewühlt hat, daß er nur trübes Wasser und schreckliche Dinge sehen kann, die ihm angst machen. Daraufhin tobt und schlägt er noch mehr um sich und bringt alles noch mehr durcheinander. Aber als Eleanor und ich da waren, konnte und wollte Grace zum ersten Mal Dinge erkennen, die anders waren als die unkenntlichen, die sie selbst aufgerührt hatte. Sie schien zu sehen – und, mehr noch, zuzugeben –, daß es in dem Schlamm versteckt möglicherweise doch keine große Antwort für sie allein gab, die alles lösen und sie selbst real machen würde, wenn sie sie nur finden konnte. Es schien mir, als ob sie begreifen würde, daß vielleicht alles etwas langsamer werden und sich setzen müßte – von einem schmutzigen Wirbel zu etwas, das sie erkennen und für sich selbst annehmen kann.

Und ich sagte zu ihr, daß ich wirklich hoffte, Sie würden sie noch lange Zeit im Krankenhaus lassen, weil sich vieles herauskristallisieren würde, und sie sagte: »Obwohl ich es hier scheußlich finde und mich langweile und diese eine Dame denkt, ich sei ihre Tochter?« Und wir sagten, ja, trotz all dieser Dinge. Daraufhin meinte sie ganz einfach: »Tja, ihr solltet es ihm sagen.«

Ich weiß, daß ich Graces Krankheit größtenteils nicht verstehe, aber diese eine Stunde lang schien es, daß eine winzige Chance bestünde, daß sie wieder gesund würde. Denn sie war in dem Moment wirklich nur eine von drei Schwestern, die an einem Tisch saßen, und sie versuchte nicht, nicht zu existieren. Daher beschloß ich, Ihnen zu schreiben, nur um Ihnen zu sagen, wie froh ich bin, daß Grace im Krankenhaus ist, daß sie eine Weile in einer Art nachdenklicher Schwebe gehalten wird, wo sie nicht schreiben und sich nicht zerreißen muß.

Wir besuchten sie auch Dienstag abend, doch diesmal war sie krank und brachte all den Schlamm wieder hoch. Sie erzählte uns, daß sie wieder mit Schreiben angefangen habe, und sie sagte es dermaßen arrogant, als ob sie verkünden wolle, daß sie ihre Krankheit konservieren werde, um den schmerzlich normalen schwesterlichen Besuch wettzumachen, bei dem sie nicht anders sein mußte als wir. Als ich ihr sagte, ich hätte Ihnen einen Brief geschrieben, sah sie ängstlich aus, als ob etwas zwischen sie beide kommen könnte, das ihre Macht über Sie schwächte.

Sie fragte, ob sie den Brief sehen könne, und ich sagte ja, weil sie aussah wie ein in die Enge getriebenes Tier. Ich nehme an, wenn Sie ihn ihr zeigen, wird sie versuchen, das bißchen an Überzeugung und Vertrauen, das ich hineingelegt habe, wegzureden, und ich weiß sehr wohl, wie gut sie darin ist. Aber es liegt an Ihnen, ihn ihr zu zeigen oder nicht, doch selbst wenn sie es fertigbringt, den Inhalt zu leugnen, und sich ihren Weg zurück in ihre eigene Welt redet, bin ich froh, daß ich ihn geschrieben habe, und froh, daß ich ihn abgeschickt habe.

# 6 Heimatlos
### (Januar bis September 1976)

## Die Suche nach meiner Mutter (Grace Jackson)

Ich zog zu Martha und Will, ihrem Freund: So lautete die Vereinbarung. Ich wollte nicht, aber ich wußte, daß ich es mußte: Ich konnte nicht allein sein. Das Krankenhaus hatte mich ruhiger gemacht, doch bei meiner Entlassung fürchtete ich, die Ruhe sei ebenso falsch und trügerisch wie beim ersten Mal. Aber jetzt war ich ja nicht allein.

Ich dachte viel über meine Kindheit und meine Familie nach und schrieb darüber: versuchte, herauszufinden, woher ich kam. Oder wie ich zu dem geworden war, was ich war. Ich versuchte, meine Erinnerungen in Form von Geschichten niederzuschreiben. Ich versuchte auch, über den Aufenthalt im Krankenhaus zu schreiben, ihm einen Sinn zu geben. Ich blieb nachts lange auf, um zu schreiben, aber es war nicht so wie früher. Ich hatte kein eigenes Zimmer; ich schlief auf der Couch oder auf dem Boden im Wohnzimmer, und nachts tippte ich in der Küche.

»Ich bin des Hochseils so überdrüssig, sage ich. Besser springen oder fallen oder in Stücke schlagen, als einfach zu warten, bis es von selbst geschieht. Etwas fällt mir nicht ein – eine Erinnerung, ein vergangenes Paradies des Geistes: War es real, oder hat es nie existiert? Es war schon immer eine leicht zerbrechliche Welt. Manchmal kann ich sogar jetzt eine gewisse Friedlichkeit erlangen oder wiedererlangen: Aber es ist der Frieden des Todes, eine Straße in völliger Selbstgenügsamkeit hinabzugehen, durch die gläsernen Wände – die Fenster – meines Selbst hinauszuschauen. Die leiseste Störung – ein hupendes Taxi, die Bemerkung eines Mannes auf der Straße, jemand, der dicht vor mir geht oder mich beim Vorübergehen berührt – macht diesen Frieden zunichte. Damit ich also damit umgehen kann, es ›meistern‹ kann, muß ich bereits zerschlagen oder in meinem Eisblock eingeschlossen sein.

Ich gehe zum Doktor, und das Eis beginnt ein wenig zu schmelzen; aber es muß wieder frieren, sobald ich ihn verlasse, und es scheint, als ob kein Fortschritt erzielt wurde. Nur im Krankenhaus konnte ich ohne Fenster sein: ohne Grenzen ... Aber was ist diese schwer faßbare Last der Erinnerung? Was versucht sie im Griff zu halten? Manchmal sitze ich bei ihm, sitze dicht neben ihm, halte ihn sogar oder werde gehalten ... Und ich höre nicht ein Wort von dem, was er sagt: Vielmehr höre ich, wie seine Stimme mich umgibt, aber keines seiner Worte kann zu mir durchdringen, kann aufgenommen werden, so sehr ich mich auch bemühe ... und ich frage mich, ob er das weiß? Oft kennt er mich besser als ich mich selbst. ›Sitze ich zu weit weg?‹ fragt er. ›Ja‹; und er rückt seinen Stuhl näher. Ja: Ich fühlte es und konnte es nicht einmal mir selbst gegenüber in Worte fassen.«

Ich wurde ruhelos und bekam Angst. Ich ging spazieren und zerschnitt meine Hand mit einer Glühbirne.

Ich hatte schon immer das Gefühl, mich verzweifelt an den Rand einer Klippe zu klammern: Das Hochseil über dem Abgrund und der Rand der Klippe waren meine Bilder. Die Klippe war der Doktor: Und ich hatte immer Angst, ich sei nicht länger in der Lage, mich festzuhalten. Der Kampf war hart: auf Leben und Tod. Ich hatte überlebt – man hatte mich in die Sicherheit des Krankenhauses gebracht. Aber jetzt war ich mir dessen mehr bewußt, was ich tat oder durchmachte: Jetzt dachte ich, wenn ich mich umbringe, ist es Absicht. Ich kämpfte, um mich selbst von meiner Selbstverstümmelung abzuhalten; und manchmal dachte ich, der Kampf sei es gar nicht wert.

»Und das Mich-Schneiden? Ich habe das nicht vergessen. Einen Aschenbecher zerschlagen oder die gläserne Tischplatte? Warum glauben Sie wohl, sitze ich auf der Couch, weit weg von all diesen gefährlichen Dingen? Ich schütze uns, Sie und mich.«

Ich las Trollope, Dickens – lange Romane aus dem 19. Jahrhundert, die mich in eine völlig andere, sichere Welt führten.

»Was wir versuchen, ist äußerst schwierig«, erklärte der Doktor. Und er sagte auch: Es wird sehr lange dauern.

»Der Doktor ist sicher. Ich kann zu ihm sagen – ich habe gelernt, es ihm zu sagen –, daß ich vortäusche. Ich fühle nichts. Ich spreche nur. Meine Worte sind bedeutungslos. Eben jetzt ist er irgendwo zwischen hier und New Orleans, wo er eine Konferenz besucht. Wie auch immer, es würde mir nichts nützen, mit ihm zu sprechen. Ich muß bei ihm sein. Und sogar das wäre gefährlich, denn ich würde keinen Trost mitnehmen, würde nur wie ein Kind bei ihm bleiben wollen; von ihm gehalten werden wollen, wie man ein Kind hält. Ich will sprechen, und ich kann es nicht. Gibt es jemanden, an den ich glauben kann? Nicht einmal an mich selbst, nur an ihn.«

Mein Leben bei Martha und Will gefiel mir nicht; die Wohnung war zu klein für drei – es war unmöglich, allein zu sein. Sogar nachts, wenn die anderen schliefen, fühlte ich mich dort nicht wirklich allein. Ich wollte mein eigenes Zimmer, meine eigenen Sachen: Ich fühlte mich verloren und verstreut, wie meine Sachen, heimatlos. Und doch wußte ich, daß das – wie der Doktor sagte – ein Geisteszustand war. Ich begann, die Nächte in meiner eigenen Wohnung zu verbringen:

»Mein eigenes Heim: Ich kann mit blutigen Händen heimkommen, und es ist keiner da, der es sehen könnte. Der Gedanke entschlüpfte mir heute nacht auf dem Heimweg. Ist das meine Definition von Sicherheit? Unsichtbarkeit? Unverletzlichkeit? All die Träume von Türen. Der Doktor, der sowohl der Eindringling ist als auch derjenige, den ich rufen kann, um mich zu retten.«

Dann schnitt ich mir an einem Wochenende im April im Haus meiner Eltern die Pulsadern auf, schlimm. Ich wurde brüllend ins Krankenhaus gebracht und schrie die ganze Nacht nach meiner Mutter, die bei mir blieb. Es war, als ob ich schließlich einen Schnitt geführt hätte, der bis zu meinem Kind-Selbst reichte, der völligen Abhängigkeit von meiner Mutter. Und von da an ging ich jedes Wochenende zu meinen Eltern; bewußt ließ ich es zu, zum Kind zu werden, machte ich mich zum Kind und ließ mich von ihnen versorgen.

»Ich schaue auf mein Leben hinab wie auf einen Korridor, und es ergibt auf seltsame Weise einen Sinn. Das Mädchen-das-zur-Frau-Wird, immer unglücklich, ›deprimiert‹, beinahe bis zu dem Punkt, wo das zu einer Rolle wird, der sie nicht entfliehen kann; und doch spürt sie, daß keiner daran glaubt. Und in der anderen Welt, der Welt von Heim und Eltern, zeigt sie eine Gelassenheit, von der sie weiß, daß sie sie nicht fühlt. Es scheint unvermeidlich, daß eine solche doppelte Falschheit zusammenbricht, daß solch eine neblige Fantasie, solch ein Verlust in Blut endet – denn was wäre realer, greifbarer als Blut, die Substanz, die einen am Leben hält.«

Der Wagen des Doktors: Ich erzähle ihm, daß ich nach seinem Auto Ausschau halte, schaue, wo es parkt, und versuche daraufhin herauszufinden, welchen Weg er in die Stadt genommen hat. Oder ich nehme die U-Bahn zur 96sten Straße, überlege mir, wo er in der Nacht zuvor geparkt hat, und versuche herauszufinden, auf welchem Weg er nach Hause gefahren ist. Dann gehe ich in die Stadt zu seiner Praxis.

Später nahm er mich mit, wenn er mich unterwegs laufen sah. Nach den Sitzungen am Abend nahm ich die U-Bahn nach Hause.

»Ich will da heute abend nicht hin (zum Doktor). Ich kann immer nur an die goldene tapezierte Tür denken, die zu einem riesigen, unüberwindbaren Hindernis geworden ist.

Sie (Doktor) lauern dort als immer größer werdende Gestalt, drohen, mich zu verschlingen und mich so zu leugnen. Blut.«

Ich versuche, mich zu erinnern, versuche das, was mit mir geschehen ist, mit Gefühl und Emotion anzureichern. Ich versuche auf gewisse Weise, meine ganze Kindheit neu zu durchleben – nicht um sie wieder in Besitz zu nehmen, sondern um sie zum ersten Mal zu besitzen. Ich verbringe Stunden damit, anhand von Fotos Erinnerungen oder Szenen in mir hervorzurufen, um Küchenspülen oder fliegennetzbespannte Türen herum.

»Gestern abend sagte der Doktor: ›Ich bin mit Grace zusammen in ihre Kindheit zurückgegangen, und auch ich fühlte den Schock, aus der Praxis hinaus an die frische Luft zu gehen – als ob man eine andere Welt betritt.‹ Seine Worte bewegten mich. All seine Bezüge auf die Vergangenheit, auf das, ›was wir zusammen durchgemacht haben‹. Ich wußte nicht einmal, daß er bei mir war; wollte es nicht wissen oder erkennen oder akzeptieren. Nein, ich hatte mich geschnitten und wieder geschnitten, blutete, ohne Tränen. Ich frage mich, weiß ich es jetzt?«

Ich fühlte meine Schwäche, aber auch meine Gewalttätigkeit. Oder ich fühlte mich leer, so, als ob ich niemals ein eigenes Selbst haben würde, mich niemals selbst erfahren würde, leben würde. Ich wartete, wartete stets, wußte aber nicht, worauf. Gleichzeitig wurde mein Arbeitsplatz zu einer immer sichereren Sache. Ich avancierte zur festangestellten Korrektorin und bekam ein eigenes Büro, das ich mit einer Frau meines Alters teilte. Manchmal hatte ich das Gefühl, mein Büro sei mehr ein Zuhause, ein Platz für mich allein, als der Ort, an dem ich tatsächlich wohnte.

»In einer Ecke (der Praxis des Doktors) steht ein Schreibtisch. Vor den Fenstern hängen dünne, weiße Gardinen und lange, schwere Vorhänge, die er an heißen Tagen schon am frühen Morgen zuzieht; und er läßt auch das Rouleau herunter, damit die Sonne den Raum nicht zu sehr aufheizt. Was für ein fürsorglicher Mann er doch ist.

In der Praxis des Doktors: Ich stand am Fenster und wickelte mich in den Vorhang ein. ›In Wirklichkeit‹, sagt er, ›wollen Sie sich gar nicht umbringen, sondern Sie wollen einfach nur schlecht sein, und Sie fürchten, schlecht zu sein bedeutet Zerstörung. Sie wollen mich umbringen, aber Sie brauchen mich auch. Sie stecken fest.‹ Ich sitze auf dem Boden und höre ihm zu, und plötzlich kann ich es nicht länger aushalten, die Worte, den Klang seiner Stimme. ›Ich hasse Sie‹, und ich stehe auf und gehe weg. Ich möchte so sehr etwas zerschlagen, es auf seinem Kopf zerschlagen. Ich weine ein wenig, wimmere – aber ich bin nicht gewalttätig.

Schließlich kommt er zu mir herüber, denn ich weigere mich – ich kann einfach nicht –, quer durch den Raum zu ihm zu gehen. ›Lassen Sie uns versuchen, es auf andere Weise anzugehen‹, lautet der Auftakt. Ich lasse mich von ihm in die Arme nehmen, lasse ihn so tun, als ob er mich hielte, aber es ist nur Schein, denn ich halte mich selbst ganz fest und fühle nichts. ›Unmöglich, hoffnungslos‹, schreie ich und reiße mich los.

Er kniet auf dem Stuhl, und ich stehe vor ihm. Warum sind Positionen so wichtig? Ich will mich an diesen Vorhang erinnern, er schützte mich ... Bisweilen flammt Haß auf ihn hoch, voraus geht das Verlangen, ihn zu sehen: Diese beiden Zustände verstehen sich gegenseitig überhaupt nicht.

Ich will nicht gehen ... nicht weggehen ... ich werde nicht gehen: Ich weine hysterisch, klammere mich an seinen Arm. Dennoch halte ich eine Leere umklammert: Ich spüre ihn nicht, seine Gegenwart, seinen Trost, sein Halten, seinen Schutz. Es ist eine verzweifelte Anstrengung.«

Im Sommer gab ich schließlich meine Wohnung auf. Will begann im Herbst ein Jura-Studium in New Haven, und Martha und ich blieben in New York. Ich bleibe wegen dir, sagte sie.

Ich bekam allmählich körperliche Symptome. Nicht sehen zu können, war eines, das wichtigste:

»Ich liege auf der Couch, mein Kopf ist auf meine Arme gebettet. Ich gehe die 5th Avenue hinab und denke, wie angenehm, welche Erleichterung, auf der Couch zu liegen. Als ich näherkomme, löst sich das Gefühl auf: viel zu schnell. Ich werde aufstehen, durch die Tür gehen müssen; die Couch wird unbequem, un-tröstlich; ich muß mich am Ende doch selbst halten. Ich sehe ihn auf der 68sten Straße auf mich zukommen, und plötzlich ist er ein Fremder; ich kenne diesen Mann nicht, weiß nicht, wer er ist ... Zögernd lege ich mich hin, aber ich sehe ihn nicht an. Dieser Tage hängt alles an deinen Augen. Kein Wunder, daß ich nicht sehen konnte: Ich wollte nichts aufnehmen, er war schlecht, die ganze Welt ist bitter geworden. Aber die Welt ist bitter. Ich stehe halb im Büro und halb draußen, ein Gigant sitzt rittlings auf dem Fensterbrett. Wo bin ich? Ich halte mit meinen Augen fest, ich weise mit meinen Augen zurück.«

Ein anderes Symptom war eine starke körperliche Nervosität. Ein weiteres war das Gefühl zu fallen: Der Doktor sagte, das komme daher, daß ich mich darauf eingelassen habe, jemand anderem zu vertrauen, und das schrecke mich. Meine Mutter war bei mir in New York geblieben; ich wollte sie die ganze Zeit bei mir haben.

»An einem dieser Tage fuhr ich am Wochenende zuerst mit meiner Mutter im Auto, dann mit meinem Vater, und obwohl ich auch immer gern ankomme, ist mir das Reisen lieber, das Nirgendwosein, nicht einmal unter Kontrolle sein.«

Wieder bereitete ich mich auf den Urlaub des Doktors vor:

»Ich habe ihn abgeschnitten, ihn herausgeschnitten; ich will es genauestens mitbekommen, daß er mich verläßt ... Sein Gesicht entgleitet mir immer mehr; ich will es herausschreien, sein Gesicht festhalten, mich festklammern an ihm, damit er nicht weggeht. Aber ich kenne ihn nicht mehr, weiß nicht, wer er ist, und die Worte sind hohl, sie klingen nicht nach in dem düsteren Raum.«

Als der Doktor fortging, zog meine Mutter zu mir.

»Ich bin eine große Verschwendung von Fleisch, ein zurückgebliebenes Kind, das körperlich entwickelt ist, aber geistige Mängel hat, geistig zurückgeblieben ist.

Ich rolle, und ich brauche den Doktor, daß er mich stoppt, daß er mich fängt, bevor ich über den Rand der Klippe rolle oder anfange, den Berg so schnell hinunterzukugeln, daß ich nicht mehr aufgehalten werden kann. Haltet meinen Kopf, einer von euch, Mutter oder Doktor, ich kann euch nicht auseinanderhalten.«

Bevor er ging, sagte er in der letzten Familientherapiesitzung: »Sie haben Ihre Mutter gefunden.« Und ich glaube, das habe ich: manchmal verkörpert in ihm, manchmal ist sie sie selbst.

## Ein Körper-Ich (Fayek Nakhla)

Als Grace im Dezember 1975 aus dem Krankenhaus entlassen wurde, zog sie zu ihrer Schwester Martha und Marthas Freund Will. Ich war mir nicht sicher, wie das neue Wohnarrangement funktionieren würde, und schlug vor, daß wir uns mit Martha und Will in wöchentlichen Sitzungen treffen sollten. Darauf gab es ein allgemeines Gefühl der Erleichterung. Grace schien diese Sicherheit, diese Struktur im Hintergrund zu begrüßen, aber sie spürte auch den Verlust ihres privatesten Lebens, zu dem Blut, Schmerz und Tagebuchführen gehörten, der einzigen Welt, in der sie reale und lebendige Gefühle besaß.

Grace verbrachte einige Wochenenden bei ihren Eltern, die auf dem Land lebten, ungefähr eineinhalb Stunden von New York entfernt. Das Aufschneiden ihrer Pulsadern Anfang April 1976 schien einen Wendepunkt in Graces Beziehung zu ihrer Mutter zu markieren. Grace hatte sich zufällig mit heißem Wasser verbrüht. Und als ihre Mutter, während sie sie tröstete, eine Bemerkung über ihre Überreaktion machte, rannte Grace aus dem Haus und in ein nahegelegenes Feld, wo sie sich einen tiefen Schnitt an ihrem Handgelenk zufügte und dabei die Sehnen beschädigte. Ihr Vater stieß auf sie, als sie erschreckt und verwirrt nach Hause rannte, und brachte sie ins Krankenhaus. Grace erzählte mir bei unserer nächsten Sitzung von diesem Vorfall; einer ihrer ersten und bedeutsamsten Kommentare lautete: »Sie wären stolz auf mich gewesen. Ich gab die Kontrolle völlig auf und schrie und schrie einfach im Krankenhaus.« Sie hatte ein gutes Gefühl dabei gehabt, daß ihre Mutter die Nacht im Krankenhaus bei ihr verbrachte; zum ersten Mal war sie das Risiko eingegangen, sich mit ihrer Wut und zerstörenden Gewalt an sie zu wenden.

Ihre Eltern schlossen sich daraufhin den wöchentlichen Familientherapiesitzungen an. In diesen Sitzungen gelang es Grace, offener zu werden und ihrer Familie das Gefühl, nicht lebendig und real zu sein, zu vermitteln. Einmal, als sie ihre Mutter mit diesen Gefühlen konfrontierte, wies sie auf ihre Schnitte am Handgelenk und sagte eindringlich: »Das ist real.« Während Graces zweitem Krankenhausaufenthalt erkannte ihre Familie das Ausmaß ihrer peinigenden und isolierten Existenz und ihrer Selbstverstümmelungen. Ich war mit ihr in dieser Welt allein gewesen, aber jetzt teilten wir sie mit ihrer Familie, insbesondere mit ihrer Mutter. Grace sagte: »Ich breite mein Blut aus.«

Von April bis September 1976 wandte sich Grace mit zunehmend regressivem und abhängigem Verhalten ihrer Mutter zu. Die Mutter schien ganz natürlich und mit Hingabe darauf zu reagieren. Ich mußte ihr nicht erklären, was ihr bevorstand, sie ermutigen oder ihr Ratschläge erteilen, wie man am besten mit Grace umging, und sie rief mich nie zwischen den Familientherapiesitzungen an. In einer Sitzung fragte sie Grace allerdings, wie sie sich ihr gegenüber verhalten solle. Grace erwiderte einfach: »Ich kann dir das nicht sagen. Das mußt du ganz allein wissen.«

Grace beschrieb mir ein Wochenende mit ihren Eltern zu Anfang dieser fünf Monate und erzählte mir von dem Gefühl, ein kleines Kind zu sein, das fortwährend von seiner Mutter beobachtet wird. Sie verbrachte jetzt jedes Wochenende bei ihren Eltern: Ihr Vater räumte bereitwillig sein Bett, wenn Grace neben ihrer Mutter schlafen wollte, und ihre Mutter begleitete sie am Montag morgen oft in die Stadt zurück, zu ihrem Arbeitsplatz. In dieser nun stark verschmolzenen Beziehung zu ihrer Mutter, durchlief Grace bestimmte Zustände körperlicher Regression. Sie konnte beispielsweise nicht oder nur verschwommen sehen. Einmal jedoch, erzählte sie, sei sie mit ihrer Mutter auf vertrauten Straßen gegangen und habe dabei ihre Umgebung so lebhaft wahrgenommen, als ob sie die Dinge zum ersten Mal sehe.

Grace wurde sich ihres Bedürfnisses nach körperlicher Nähe zu ihrer Mutter zunehmend bewußt, sie war auch in der Lage, mir davon zu erzählen, und trotzdem kämpfte sie dagegen an. Sie wußte, daß sie dieses Bedürfnis nur indirekt ausdrückte, indem sie etwas zusammen mit ihrer Mutter machte, beispielsweise Gartenarbeit, und sie bekam Angst, wenn es eine Unterbrechung dieser Nähe gab. Sie fürchtete sich, wenn sie ihre Mutter am Ende des Wochenendes gehen sah, und sie fürchtete sich auch davor, daß ihre Mutter tot neben ihr im Bett liegen könnte. Sie fragte sich, ob ihr Gefühl von Nähe echt war oder nur etwas, das sie sich einbildete.

In deutlichem Gegensatz zu dem Gefühl der Sicherheit und des Schutzes in Gegenwart ihrer Mutter wirkte Grace in meiner Praxis normalerweise ängstlich und distanziert. Manchmal schien sie sich gegen ihre Gefühle der Fragmentation und des Verlusts der Kontrolle über ihre Gewalttätigkeit zu wehren, indem sie sich selbst im Arm hielt: Sie wurde dann sehr still und legte sich für längere Zeit flach auf den Boden. Wenn diese Angstanfälle sich verstärkten, stand sie mit Körper und Gesicht an die Wand gepreßt, als ob sie versuchte, sich darin zu verstecken oder zu vergraben. Ein anderes Mal überkam sie ein Gefühl von Klaustrophobie, die Angst, in meiner Praxis gefangen zu sein, und sie ging auf und ab und schlug mit der Faust gegen das Fenster.

Manchmal schien sie sich in ihrem eigenen Körper wie in einer Gruft zu fühlen und wollte schreien, aber ihre Laute waren immer unterdrückt und kontrolliert. Oder ihre Haut gab ihr das Gefühl, gefangen zu sein, und sie hatte den Drang, sich aufzuschneiden. Wenn der Druck und die Erregung am stärksten waren, bekam sie Angst vor dem Impuls, sich oder mich zu töten. Es war nicht leicht für mich, jeweils den Grund für ihr verändertes Verhalten zu bestimmen – zwischen dem Schrecken des fehlenden Halts, des In-Stücke-Fallens, und dem Schrecken, in einer Falle zu sitzen –, zu unterscheiden, um dann in angemessener Weise darauf reagieren zu können. Sie konnte sich getröstet fühlen, wenn ich ihr körperlich nahe war oder meinen Arm um sie legte, sie konnte aber auch Angst vor mir haben und nicht wollen, daß ich ihr nahe kam. Mehrmals lag sie still auf der Couch, und ihre Augen hefteten sich auf mich. Ich spürte, wie sie versuchte, mich mit ihrem Blick festzuhalten, obwohl er glasig und diffus zu sein schien. (Später beschrieb sie, wie sie, wenn sie meine Praxis ängstlich und mit einem Gefühl der Bruchstückhaftigkeit verließ, ihren Blick auf die Lichter des Verkehrs fixiert halten mußte.)

Ich erkannte (obwohl ich Grace das nicht erläuterte), daß der Unterschied zwischen Graces Gefühlen der Sicherheit und Nähe ihrer Mutter gegenüber und ihren Gefühlen der Angst mir gegenüber ein Aufsplitten der Mutter in gute und schlechte Teil-Objekte darstellte. Viel später erst begriff ich ihre primitiven Gefühle und Formen der Beziehung als unstabile Zustände der Trennung und Verschmelzung. In der Gegenwart ihrer Mutter fühlte sich Grace mit ihr verschmolzen, aber sie bekam Angst, wenn diese Verschmelzung gefährdet war oder es zu einer Trennung kam. Im Gegensatz dazu unterstrichen sowohl ihre objektive Wahrnehmung von mir als auch die deutlichen Grenzen der Sitzungen unsere Getrenntheit und die Tatsache, daß ich nicht unter ihrer Kontrolle stand. Wenn sie andererseits fern von mir war, erfuhr sie sich selbst unbewußt als Teil von mir, innerhalb einer gemeinsamen Grenze: Sie fühlte sich mit mir als »subjektives Objekt« vereint.

(Beispielsweise indem sie im Geiste nachvollzog, wo ich während des Tages gewesen war, oder aus dem Parkplatz meines Autos schloß, welche Straße ich am Morgen von meinem Haus zu meiner Praxis genommen hatte).[6] Aufgrund dieser unstabilen Zustände von Getrenntheit und Verschmelzung erlebte Grace einen intensiven Konflikt zwischen ihrer Angst, verlassen zu werden, und der Angst vor oder dem Wunsch nach Verschmelzung. Modell (1984a) weist darauf hin, daß die intuitiven Fähigkeiten des Analytikers beträchtlich gefordert sind, wenn er beurteilen soll, ob der Klient in einem bestimmten Moment gefunden werden will oder ob er das Eindringen des Arztes fürchtet. Rey (1979) nennt diesen Kampf das »klaustrophobische-agoraphobische Dilemma« des Schizoiden. Auf ähnliche Weise beschreibt Guntrip (1968) den Rückzug des schizoiden Individuums vom Objekt als das »mit-und-ohne«-Programm; das heißt, der Betreffende kann weder mit einer Beziehung zu einem anderen Menschen noch ohne sie leben – sonst riskiert er auf vielfältige Weise den Verlust seines Objekts und seiner selbst.

Das früheste Versagen ihrer »Umweltmutter« der Kleinkindzeit war aus Sicht von Grace in diesem Zustand der Verschmelzung genügend korrigiert, sowohl in der analytischen Situation als auch in der Erfahrung mit ihrer Mutter, so daß sich langsam eine gesunde Entwicklung ihrer psychischen Strukturen vollzog. Sie hatte sich jenseits des Gefühls der Fragmentierung und der stets gegenwärtigen Bedrohung der Annihilierung hinbewegt zu einem Gefühl der Lebendigkeit und der Begrenzung ihres Körperselbst.

Verschiedene Analytiker haben über die theoretischen und klinischen Aspekte dieses Vorgangs geschrieben. Relevant ist Winnicotts Anwendung des Konzepts des subjektiven Objekts auf 1. die Bedeutung der Erfahrung von Allgewalt in der Ego-Integration (1962), 2. das Auftauchen eines Gefühls des Selbst, das ursprünglich auf einem Gefühl des »Seins« im Gegensatz zum »Handeln oder Mit-einem-gehandelt-Werden« (1971a) basiert, und 3. die gesunde Existenz eines privaten Kerns des Selbst, der *»isoliert, permanent nicht kommunizierend, permanent unbekannt, tatsächlich ungefunden«* ist (1963b). Sterns Vorstellung (1985) von der Entwicklung eines Gefühls von einem »Kernselbst« ist ebenso zutreffend. Er gründet dieses Gefühl eines körperlichen Selbst oder Körperselbst auf die Integration der Selbsterfahrungen einer Selbst-Instanz, Selbst-Kohärenz, Selbst-Affektivität und Selbst-Geschichte.

E. Gaddini (1982) nennt die frühesten mentalen Darstellungen des Körperselbst, die visuellen Bilder des integrierten und des getrennten Selbst, »Fantasien *über* den Körper«. Er erklärt, daß diese Bilder für gewöhnlich unbelebt und von runder Form sind. Grace hatte die Bilder einer leeren Flasche und eines langen Tunnels mit einem Licht am Ende gewählt, um sich selbst zu beschreiben. Sie übermittelte ihr vages Körperbildgefühl, indem sie mir erzählte, wie sie morgens beim Anziehen das Gefühl hatte, nicht zu wissen, wie es ist, sich selbst anzuziehen, nicht zu wissen, was sie tun oder wie sie es tun sollte.

Gaddini verwendet den Begriff »Fantasien *im* Körper«, um die primitiven mentalen Erfahrungen des Körpers zu bezeichnen, die den »Fantasien *über* den Körper« vorhergehen, und beschreibt sie als Fantasien des nichtintegrierten Selbst in bezug auf bestimmte Körperfunktionen und -empfindungen. Sie bleiben eingeschlossen in einem primitiven und ausschließlichen Körper-Geist-Körper-Kreislauf und stehen für eine weitere mentale Ausarbeitung nicht zur Verfügung. Mahler (1968) hebt auf ähnliche Weise die große Verlagerung der libidinalen Kathexis vom Körperinneren in Richtung auf die Peripherie des Körpers hervor als einen wichtigen Schritt in der Entwicklung eines Körper-Ichs und eines Körperbildes. Sie erklärt, daß ein anderer, paralleler Schritt der Ausstoß von zerstörerischer, unneutralisierter aggressiver Energie über die Körperselbstgrenzen hinaus ist. Graces frühere mentale Erfahrungen ihres Körpers bestanden in einer schmerzlichen, blutigen körperlichen Fragmentation ihrer Körperteile und Körpergrenzen: »Ich zerbreche nicht nur eine Flasche, ich schlage sie mit meinen Armen, meinen Handgelenken, meinen Händen immer wieder zu immer kleineren Splittern.«

Gaddini (1982, 1987) entwickelte Greenacres (1958a, 1958b) Begriff des »psychophysischen Syndroms« für die Psychopathologie innerhalb dieses primitiven Körper-Geist-Körper-Kreislaufs weiter, der sich gegen die Bedrohung der Annihilierung wehrt (siehe auch McDougall, 1989, Kapitel 1). Graces wiederholte Schnitte und Kratzer am Handgelenk können als psychophysisches Syndrom betrachtet werden, das ihr Überleben sicherte: »Als die Wundmale verschwanden, hatte ich das Gefühl, neue machen zu müssen, um mich am Leben zu halten.« Mahler (1968) sowie Mahler und McDevitt (1982) haben in ihrer Arbeit mit psychotischen Kindern autoaggressive Aktivität als den Versuch beschrieben, die Grenzen des Körperselbst zu definieren und »sich lebendig zu fühlen«. Graces Gefühl von Begrenztheit im Bewahren ihrer »Kontinuität des Seins« zeigte sich natürlich auch dadurch, daß sie die physischen Empfindungen in Verbindung mit der Versorgung ihrer Wunden und all der anderen Aspekte des »Haltens« internalisierte (R. Gaddini 1987).[7]

Grace interessierte sich sehr für die Anatomie ihrer Handgelenke und für die chirurgische Versorgung ihrer Wunden. Als sie einmal fasziniert einen Schnitt an ihrem Handgelenk untersuchte, mit seinen Nahtwulsten von subkutanem Gewebe, sagte sie zu mir: »Sieht aus wie ein Mund mit Zähnen. Sehen Sie sie?« Das stellte eine weitere Entwicklung ihres Körperschemas dar, durch ein Bewußtsein von inneren Gefühlen verbunden mit ihren oralen Impulsen, und möglicherweise eine Kommunikation ihrer verschlingenden und gefährlich aktiven oral-sadistischen Libidobedürfnisse. Die Ärzte, die ihre Wunden versorgten, gingen verständlicherweise darüber hinweg oder zeigten sich verständnislos angesichts ihres Wunsches, die Operation zu beobachten oder dazu Fragen zu stellen. Sie sah jedoch ein, daß sie in der Notaufnahme besser keine Aufmerksamkeit auf sich zog, um nicht über die Narben an ihren Handgelenken ausgefragt zu werden oder sich einer psychiatrischen Untersuchung unterziehen zu müssen. Ich lernte Dr. V., einen plastischen Chirurgen, kennen, der recht zugänglich war und der Graces Situation und ihr Verhalten akzeptierte. Bei ihm fühlte sie sich wohl. Sie suchte ihn zur Nachversorgung ihrer beschädigten Sehnen auf; gleichzeitig, anscheinend besänftigter bei der Erforschung ihres Körpers, besorgte sie sich eine alte Ausgabe eines Anatomielehrbuches.

Ein letzter Kommentar betrifft Graces Gefühl körperlicher Getrenntheit und die Erschaffung eines Übergangsobjekts. Die Fingerzeichnungen aus ihrem Blut (und später eine Phiole, gefüllt mit ihrem Blut, die sie mir für »meine Sammlung« gab) können als symbolische Erschaffung der Illusion unserer Einheit betrachtet werden.[8] Kafka (1969) spricht in seiner Abhandlung ›The Body as a Transitional Object: a Psychoanalytic

Study of a Self-Mutilation Patient‹ davon, daß ein Teil des Körpers (Blut im Falle seines Klienten, der die internalisierte Mutter darstellt) durchaus ein Übergangsobjekt sein kann.[9] Ich halte R. Gaddinis (1978, 1987) Begriff »Vorläufer« (für ein Übergangsobjekt) für zutreffender. Winnicott (1971a) macht in seinem Vorwort von ›Vom Spiel zur Kreativität‹ auf Gaddinis Untersuchungen von transitionalen Phänomenen aufmerksam. Er hält die Vorstellung von Vorläufern für nützlich.

Mein vierwöchiger Urlaub im August 1976 markierte den Höhepunkt von Graces regressiver Abhängigkeit von ihrer Mutter und ihres drohenden regressiven Zusammenbruchs. Grace arbeitete die erste und die letzte Woche meines Urlaubs, und ihre Mutter blieb bei ihr in der Stadt. Sie verbrachte auch eine Woche zusammen mit ihren Eltern in Maine (wo sie als Kind die Ferien verlebt hatte) und eine Woche in ihrem Elternhaus. Jeweils am Ende der beiden Wochen mit ihren Eltern machte Grace sich Sorgen, daß die Erfahrung einer fortwährenden sorgenfreien Nähe zu ihrer Mutter und ihrem Vater – wie sie es nannte – gestört werden könnte. Ich sprach mit ihr jede Woche am Telefon, und am letzten Wochenende erzählte sie mir, daß sie extrem ängstlich geworden sei und nur noch ganz verschwommen sehen könne.

Zu ihrer ersten Sitzung nach meinem Urlaub erschien Grace in Begleitung ihrer Mutter. Sie wirkte angespannt und verkrampft und sagte, daß sie nicht scharf sehen könne und sich zu krank fühle, um weiterhin ihrer Arbeit nachzugehen. Sie und ihre Mutter hätten über die Möglichkeit gesprochen, daß Grace ihre Stelle aufgab. Wir kamen überein, daß sie in den nächsten beiden Tagen nicht zur Arbeit gehen und ihre Augen untersuchen lassen solle, ich würde dann eine längere, medizinisch begründete Abwesenheit von ihrem Arbeitsplatz arrangieren. (Außer den beiden Krankenhausaufenthalten war dies die einzige Zeit, die sie während der gesamten Behandlung von ihrer Arbeit fernblieb.) Zwei Tage später fühlte Grace sich besser und konnte wieder klar sehen. Sie und ihre Mutter hatten beschlossen, daß sie zwar wieder zur Arbeit zurückkehren, aber bei ihren Eltern leben und nach New York pendeln würde. Am Ende der Woche kam Grace wieder in Begleitung ihrer Mutter zur Sitzung, aber dieses Mal betrat sie meine Praxis allein. Sie wirkte beherrscht und distanziert und erklärte, sie hätte beschlossen, weiter bei ihrer Schwester zu leben und nur die Wochenenden mit ihren Eltern zu verbringen.

Graces Bindung an ihre Mutter schien sich rasch aufzulösen, und diese Entwicklung brachte Ängste und Konflikte mit sich. Sie bewegte sich jetzt in Richtung auf ein umfassenderes Gefühl der Trennung.

# 7 Selbstfindung
## (September bis Dezember 1976)

### Allein überleben (Grace Jackson)

Plötzlich verlor ich mein Gefühl meiner Mutter gegenüber; plötzlich dachte ich, ich weiß nicht mehr, wo wir stehen. Ich hatte mich irgendwie abgeschnitten von ihrer Sicherheit. Ich war nicht klein, mußte mich nicht in ihrer Wärme verstecken; dennoch fühlte ich mich nicht in der Lage, mich um mich selbst zu kümmern.

Vielleicht wollte ich letzten Endes mein erwachsenes Selbst doch nicht aufgeben. Auch die Probleme mit den Augen waren besser geworden. Ich traf mich mit meiner Familie und dem Doktor und fühlte mich kalt und distanziert von meinem Arbeitstag. Sie waren sich meiner Distanziertheit alle bewußt:

»Mein altes Festhalten an mir selbst. Es ist gar nicht so leicht, es loszulassen. Ich will nicht berührt werden, denn in meiner Distanz bin ich sicher. Meine Distanz: Ich bin in einer Schachtel, und ihr steht alle außen herum und starrt auf mich. Was könnt ihr schon tun? Ich halte euch alle auf Distanz.«

Ich vermute, nachdem ich meine Mutter endlich gefunden hatte, löste ich mich wieder von ihr. Ich vermute, meine Mutter war etwas, um das herum ich mich im Sommer hatte sammeln können. Aber dann veränderte sich etwas – ich konnte mein Leben nicht als Teil meiner Mutter leben, doch genau damit hatte ich allmählich angefangen. Ein verschlingendes, erstickendes Gefühl. »Ich wage mich ganz allein hinaus und erschrecke. Erschrecke ich wirklich? Oder erfinde ich das auch nur ... Bei meinen Eltern sitze ich in einem gepolsterten Nest, still und sicher.«

Ich hatte das Gefühl, daß sie mir mein ganzes Selbst nahmen, mein eigenes inneres Selbst: Ich wütete gegen sie und gegen den

Doktor. Ich haßte und mied sie, ich war es leid, der Mittelpunkt meiner Familie zu sein. Ich hatte das Gefühl, daß ich wieder das »gute« Kind wurde und alles tat, was sie wollten. Ich hatte Angst, von ihnen vereinnahmt, erstickt zu werden.

Meine Habseligkeiten wurden in das Schlafzimmer der Wohnung meiner Schwester gebracht – jetzt hatte ich ein eigenes Zimmer. Ich hatte trotzdem noch nicht das Gefühl, ein Zuhause zu haben, obwohl Will in New Haven war und Martha sehr oft hinfuhr. In dieser Wohnung wollte ich nur Romane lesen und fernsehen. Die Häßlichkeit und die Unordnung dort reflektierten meinen Geisteszustand, dem ich entfliehen, den ich nicht ansehen wollte. Ich war froh darüber, meine Schreibmaschine zu haben, dennoch fiel mir das Schreiben schwer – ich fühlte mich wie auf der Oberfläche der Worte, des Lebens.

Ich bestand darauf, Zeit für mich allein zu haben, und verbrachte nicht mehr jedes Wochenende bei meinen Eltern. Ich mußte schreiben, aber ich beschrieb immer und immer wieder dieselbe Selbstanalyse, den Kampf zwischen dem Selbst und der Familie, die Gefühle und die Angst dabei. Was fühle ich, fühle ich überhaupt etwas: »Alles flutet um mich herum und durch mich hindurch, als ob ich ein Schatten wäre.«

Im Sommer hatte ich angefangen zu schwimmen. Ich schwamm entweder in meiner Mittagspause oder vor der Arbeit. Das Wasser hielt mich; ich war ruhig, sogar frei. Das Wasser befreit von der Last des Körpers. (Hieß das, einen Körper zu haben oder keinen?) Ich wollte allein gelassen werden, von meiner Mutter, von meiner Schwester; sogar vom Doktor. Meine Mutter sagte – trotz allem – ängstlich, daß sie es einfach nicht verstehe: »Du hast alles; du hast doch keine wirklichen Sorgen; was ist nur los? Wenn du dich nur mehr für deine Arbeit interessieren würdest.«

Der Doktor: Wer, was ist er? Sie sind wie eine Krankheit, erkläre ich ihm, die ich in mir trage und von der ich niemandem erzähle; ich mache weiter wie gewohnt, aber ich werde innerlich zerstört. Er sagt, ich würde erneut durchleben, was ich als Kind durchgemachte habe: die Internalisierung meiner Mutter. Die Angst, sie und die Welt zu zerstören. Ich sitze wieder auf dem Boden, halte Abstand von ihm. Ich fühle mich dort sicherer, er kann mich nicht kriegen ... Und doch ist er in mir, kontrolliert er mich. Er und meine Mutter. Er als meine Mutter ... Ich sehe die Rasierklingen, die Flaschen immer vor mir, aber ich habe vergessen, was sie symbolisieren, und daher bleiben meine Hände still.

Martha hatte allmählich genug. Sie sagte, sie würde New York verlassen – sie tue nichts für mich und habe auch das Gefühl, sie könne sowieso nichts für mich tun. Wir sprachen kaum miteinander, obwohl wir in derselben Wohnung lebten.

Der Doktor und ich sprachen darüber, wie ich meine Erfahrungen zerstöre, das Gute zum Schlechten mache, bei guten Dingen das Gefühl habe, sie seien jemand anderem geschehen. »Sie wurden nicht lange genug gehalten,« sagt er. »Sie wollen, daß die Sitzung so lange weitergeht, bis Sie bereit sind, sie zu beenden. Wie ein weinendes Kind, das sich an seine Mutter klammert, bis es bereit ist, sich wieder von ihr zu entfernen.« Ich klammerte mich an meine Mutter und ging dann fort: War ich bereit dazu? Es hatte nicht den Anschein. Der Wille zur Zerstörung kämpft gegen den Überlebensinstinkt. Wenn ich die destruktiven Gefühle abschneide, schneide ich auch die liebevollen Gefühle ab. Ich bin leer, seelenlos. Ich tippe und tippe und gelange nirgendwohin. Ich denke und denke: dasselbe.

Die Unerschütterlichkeit des Doktors macht ihn unmenschlich: Ich kann ohne Angst darüber sprechen, ihn zu töten. Aber das trifft es nicht ganz genau. Wenn ich mit ihm darüber sprechen kann, ihn zu zerstören, heißt das auch, daß er mir nicht glaubt. Dann muß ich mich schneiden, um es ihm zu beweisen. Ich stelle mir vor, ihn zu schlagen, ihn zu würgen: Ich spüre meine Hände um seinen weichen Hals.

Die Schreibmaschine verkörpert auf gewisse Weise einen Verlust der Hoffnung, ein Versagen.

»Die Seiten füllen sich langsam und wirken verrückt, Wörter von hier und von da, einander überlappend, sich wiederholend, sich widersprechend. Ich glaube, all meine Sätze über Tee und Zigaretten und darüber, welche Musik gerade spielt, dienen mir als eine Art Verankerung, die mich weitermachen läßt. Obwohl es nur Plauderei ist. Und über allem ragt drohend das Gesicht, die Stimme des Doktors; im Hintergrund ein geisterhaft murmelnder Chor aus Familienangehörigen.«

Der Doktor fuhr über Weihnachten nach London: Ich bin irgendwie neidisch, würde selbst gern fahren. Ich versuchte, ihn mir dort vorzustellen. Wenn ich über ihn nachdenke, löst er sich auf: Sobald er geht, gibt es nur noch die unsicheren äußeren Dinge, an die ich mich klammern kann.

## Ein getrenntes Ich (Fayek Nakhla)

Nach meinem Sommerurlaub brach Grace abrupt aus ihrer tiefen Regression und aus der Abhängigkeit von ihrer Mutter aus.[10] Sie wandte sich an mich als »Ersatzmutter«, um jedoch feststellen zu müssen, daß sie mich nicht kannte und jedes Gefühl einer Verbindung zwischen uns verloren hatte. Während der nächsten vier Monate kämpfte sie damit, sich von ihrer Familie zu trennen, und durchlebte Gefühle von Verlust, Isolation und Wut. Diese Gefühle verstärkten sich allmählich und erreichten ihren Höhepunkt bei einer weiteren Pause in der Behandlung um Weihnachten herum, als ich zwei Wochen Urlaub in England machte.

Grace sah sich selbst »in einer Schachtel« oder »in einer Blase«, abgeschnitten von mir. Sie war für gewöhnlich still und distanziert, sah mich nicht an, ließ ihr Haar vor ihr Gesicht hängen. Dieser Zustand der Beziehungslosigkeit ähnelt Modells (1968, 1976) Beschreibung der »Kokonübertragung«: Der Klient hat das Gefühl, in einer »Plastikblase« oder einem Kokon eingeschlossen zu sein, und versucht, sich Selbstgenügsamkeit vorzutäuschen. Guntrip (1968) hat dieses Gefühl des Abgeschnittenseins mit einer Milchglasscheibe zwischen dem Klienten und der

Welt verglichen. Grace konnte jedoch mitteilen, daß sie sich verloren und traurig fühlte, und mehrmals drückte sie das durch Tränen aus. Geweint hatte sie zuvor nie. Sie erzählte von Träumen, in denen sie von mir verlassen wurde:

Ich bin zu beschäftigt, um sie noch weiter zu sehen, und überweise sie an einen anderen Arzt.

Ich reagiere auf einen Wutanfall, indem ich sie verlasse.

Ich stehe auf einem Berggipfel, und sie kann mich nicht erreichen.

Grace verbrachte weiterhin die meisten Wochenenden bei ihren Eltern, aber in den wöchentlichen Familientherapiesitzungen erklärten ihre Mutter und ihre Schwester, daß sie sich Sorgen machten: Sie waren wütend oder fühlten sich hilflos angesichts Graces Distanziertheit. Nachdem Grace zwei aufeinanderfolgende Wochenenden allein verbracht hatte, bekam sie bei einer Sitzung einen Wutanfall, als ihre Eltern sie fragten, was sie denn in der Zeit getan habe. Sie lehnte es ab, der Mittelpunkt der Fragen und der Aufmerksamkeit ihrer Familie zu sein. Dennoch war sie bereit zu erklären, daß das Alleinsein zwar schwierig gewesen sei und sie ihre Familie vermißt habe, sie aber dennoch einen Freiraum brauche, das Gefühl, daß sie eine Person ist und nicht nur ein gutes Kind, das ihnen angegliedert ist. Grace sagte mir, der Versuch, innerhalb ihrer Familie abgesondert und sie selbst zu sein, sei fruchtlos, da ihre Mutter immer wisse, wie es um sie stehe.

Graces Vater schien ihren Wunsch nach Unabhängigkeit zu akzeptieren und schlug vor, sie solle über was auch immer reden oder Fragen stellen. Ihre Mutter hatte andererseits Angst, Grace könne sich – wie schon als Kind – selbst isolieren, »ohne dieses Mami-Gefühl mit sich zu nehmen«, und wieder kalt und reserviert, unlebendig werden. Sie hatte immer noch Angst, daß Grace sich umbringen würde, und nachdem sie in Graces Wohnung Glassplitter gefunden hatte, sprach sie in einer Sitzung offen darüber, wie enttäuscht sie von der Behandlung war. Sie schlug vor, daß Grace New York verlassen solle. Grace gab zu, daß auch sie ein Gefühl von Verzweiflung verspürte, versicherte aber, daß sie die Behandlung fortsetzen wolle, obwohl sie das nicht erklären oder rechtfertigen konnte. Ich war erleichtert und dankbar, daß die Mutter das schnell akzeptierte und Graces Entscheidung unterstützte. Ihr Vater erklärte, daß es keine andere Wahl gäbe, als die Behandlung fortzusetzen.

Dennoch blieben die Familientherapiesitzungen angespannt. Grace lehnte sie offen ab. Ihre Mutter sagte jedoch, daß sie die Sitzungen brauche, um Kontakt zu halten und um mit ihrer eigenen Angst um Grace umgehen zu können. Trotz Graces ablehnenden Gefühlen und Konflikten verspürte auch ich das Bedürfnis nach der Unterstützung und der Beteiligung der Familie. Für Grace war die gespannte Aufmerksamkeit ihrer Familie auf ihre Krankheit eine andere Form, sich selbst weggenommen und für alle anderen verantwortlich gemacht zu werden, wie es ihr schon als gutes und gefälliges Kind geschehen war.[11]

Ihr schien in dem Kampf um ihre Eigenständigkeit ein Durchbruch zu gelingen, als sie – infolge des Vorschlags ihres Vaters, frei über alles zu sprechen – ihre Familie mit dem Alkoholproblem ihres Vaters und seinen Depressionen konfrontierte. Zu meiner Überraschung sprach er bereitwillig über seinen eigenen langen Kampf mit dem Gefühl des Versagens, erklärte, daß er in der Vergangenheit sogar selbst schon an Selbstmord gedacht habe. Martha, die durch Graces Distanz entmutigt worden war und aufgegeben hatte angesichts dessen, daß sie in deren Leben keinen Unterschied bewirkte (»Mir reicht es mit Graces Krankheit«), sagte, daß auch sie das Gefühl habe, nicht zu wissen, was sie mit ihrem Leben anfangen solle und wahrscheinlich einfach Will heiraten würde.

Bei der nächsten Sitzung sprach der Vater aus eigener Initiative über seine Familie und seine Kindheit. Eine Schwester, fünf Jahre älter als er, war kurz nach seiner Geburt während einer Grippeepidemie gestorben, und er war als verwöhntes Einzelkind aufgewachsen. Als junger Mann war er »wild« gewesen und hatte das College nicht beendet. Er fühlte sich als Versager und als Enttäuschung für seinen Vater, einen Anwalt, der Bücher und auch Musik liebte, insbesondere als dieser sein Augenlicht verlor und nicht mehr lesen konnte. Aber durch seine Heirat und die Geburt seiner Kinder »wurde alles vergeben«. Das war die erste Familiensitzung, in der Grace nicht im Mittelpunkt der Aufmerksamkeit stand und in der sie Einzelheiten über ihre Familiengeschichte erfuhr.

In den Einzelsitzungen eskalierte jedoch Graces Gefühl der Frustration und der Isolation. Die Welt war für sie »schmerzhaft«, und sie konnte nichts aufnehmen: »Alles fühlt sich an, als ob ich eine Schlange berühre oder den Schmutz vom Boden auflecke.« Sie hatte das Gefühl, unter meiner allmächtigen Kontrolle zu stehen und sich in einem Zustand verwirrten Stillstands zu befinden, und sie hatte Angst und Schuldgefühle, daß das, was sie tat, mich und ihre Familie zerstören könnte.[12]

Grace wurde immer aufgewühlter und gewalttätiger. Manchmal ging sie drohend in meiner Praxis auf und ab, den metallenen Brieföffner oder einen Glasaschenbecher mit der Hand umklammert; einmal hatte sie Angst, daß ich und der ganze Raum verschwinden könnten, und sie versteckte sich in einer Ecke hinter einem Stuhl. Sie brachte eine Papiertüte voller Flaschen zu einer Sitzung mit und ließ mich wissen, daß sie damit die Windschutzscheibe meines Wagens hätte einschlagen können. Sie erzählte mir, daß sie manchmal in ihrer Wohnung und auf der Straße Glas zerschlug, und auf übervölkerten Bürgersteigen rempelte sie absichtlich Leute an.

Zu ihrer Wut und Angst verspürte sie zusätzlich intensive Gefühle von Trauer und Verlust. Häufig schluchzte sie in den Sitzungen: »Früher hatte ich wenigstens eine Fassade, jetzt habe ich gar nichts mehr.« Sogar das Tagebuchschreiben hatte seine Bedeutung für sie verloren. Sie berichtete mir von einem Traum, in dem ich sie zum Abschied durch eine Fensterscheibe küßte. Sie hatte das Gefühl, zwischen uns sei immer eine Mauer. Sie beschrieb mich als »Fremden, und jedesmal sind Sie ein anderer Fremder«.

In einem anderen Traum ging sie ständig in eine Haltestelle der Untergrundbahn hinein und wieder hinaus und war nicht in der Lage, zum Zug zu finden, bis sie schließlich schluchzend zusammenbrach. In den Wochen vor meinem Weihnachtsurlaub spielte sich dies immer wieder zwischen uns ab, wenn Grace nach Ende der Sitzung völlig entnervt meine Praxis verließ. Einmal hörte ich sie, nachdem sie gegangen war, auf der Straße weinen und schreien. Ich fand sie mitten in einem Haufen von Mülltüten, die am Rand des Bürgersteigs standen, und brachte sie wieder ins Haus. Kurz darauf kamen zwei Polizisten, die von den Nachbarn gerufen worden waren, in meine Praxis und befragten uns beide. Völlig aufgewühlt lag Grace auf dem Boden und weinte leise. Nachdem die Polizisten gegangen waren, setzte ich mich zu ihr auf den Boden und tröstete sie, bis sie zwei Stunden später gefaßt genug war zu gehen. (Das war das einzige Mal, daß wir eine Sitzung verlängerten.)

Grace hatte festgestellt, daß U-Bahn- und Autofahren eine beruhigende Wirkung auf sie ausübten, ähnlich den Empfindungen, wie sie sie in ihrem Tagebuch mit Sätzen wie »Tee und Zigaretten und welche Musik gerade spielt« beschrieb, und sie erlebte sie als »Verankerung, die mich weitermachen läßt«. Ogden (1989) beschreibt in seinem Aufsatz über Autismus-Grenzfälle solche Handlungen als Verteidigung gegen die primitiven Ängste vor einer Unterbrechung des Gefühls von Zusammenhalt und untrennbarer Verbundenheit. Wenn sie meinem Empfinden nach zuviel Angst hatte, nach dem Ende der Sitzung wegzugehen, fuhr ich sie zur U-Bahn-Station zwei Häuserblocks weiter, denn das schien sie zu beruhigen, und ich bat sie, mich anzurufen, sobald sie zu Hause war.

Aufgrund meiner Sorge, Grace während meines Weihnachtsurlaubs zurückzulassen (insbesondere da sie sich geweigert hatte, die Zeit bei ihren Eltern zu verbringen), schlug ich vor, daß sie ins Krankenhaus ging. Obwohl sie meine Sorge akzeptierte und Schuldgefühle äußerte, war sie wütend: Ich würde sie kontrollieren, mich für ihr Verhalten rächen, sie zerstören. »Warum tun Sie mir das an?« – »Ich habe das Gefühl, daß Sie ein Messer haben und mich verletzen werden.« In ihrer letzten Einzelsitzung vor meiner Abreise war Grace bekümmert und aufgewühlt, und am Ende mußte ich sie zur U-Bahn bringen.

Am nächsten Morgen fand eine Familientherapiesitzung statt, bei der Graces Mutter wiederum ihre Angst zum Ausdruck brachte, daß Grace allein war. Sie war an diesem Morgen aus einem Traum aufgewacht, in dem Grace laut nach ihr gerufen hatte. Im Laufe der Sitzung sprach Grace jedoch überraschenderweise von ihren guten Gefühlen ihrem Vater gegenüber: Sie erinnerte sich an die beiden vorigen Familiensitzungen, während der ihr Vater über sich selbst und über seinen eigenen Vater gesprochen hatte. Sie erwähnte auch, wie ihr Vater ihr geholfen hatte, aus dem Apartement auszuziehen, das sie und Susan geteilt hatten, und wie sie danach zusammen essen gegangen waren. Sie verband dies mit anderen warmen und liebevollen Gefühlen und Erinnerungen: gegenüber ihrem Großvater (dem Vater ihres Vaters, dem sie sich immer nahe gefühlt hatte) und gegenüber ihrem Psychoanalytiker, der mit ihr während ihres zweiten Krankenhausaufenthalts ein Gespräch geführt und sie an ihren Großvater erinnert hatte.[13] Sie hatte Angst, daß meine Abreise diese guten Gefühle beeinträchtigen und sie davon abschneiden würde.

Am Ende der Sitzung bat Grace, mich allein sprechen zu dürfen. Aufrichtig liebevoll und zärtlich erklärte sie mir, daß sie nicht mit wütenden und zerstörerischen Gefühlen gehen wolle. Ich war erleichtert und umarmte sie, versicherte ihr, daß es mir gut gehe und ich sie in zwei Wochen wiedersehen werde.

# 8 Das Ich und die anderen

## *Der Beginn einer Identität als Individuum*
## *(Fayek Nakhla)*

In unserer ersten Sitzung nach meiner Rückkehr räumte Grace ein, daß sie mich vermißt habe und sich angesichts ihrer liebevollen Gefühle mir gegenüber ängstlich fühle. Ich hatte versprochen, ihr eine Ansichtskarte zu schicken, und jeden Tag hatte sie sich auf deren Ankunft gefreut, gleichzeitig jedoch versucht, das nicht zu tun. (Tatsächlich erhielt sie die Karte am Tag meiner Rückkehr; sie zeigte einen Plan des Londoner-U-Bahn-Systems.) In der nächsten Sitzung sprach sie noch ausführlicher über ihre positiven Gefühle und äußerte ihre Furcht, daß diese Gefühle verlorengehen könnten, wenn sie mich tatsächlich sah. Sie erzählte mir auch, daß es einen Mann in ihrem Büro gab, John, »der mich zu mögen scheint«. Sie war einige Male mit ihm ausgegangen und hatte es genossen, aber weil es eine Erfahrung war, die sie lange Zeit nicht gehabt hatte, erschien sie ihr merkwürdig und verwirrend. Sie wußte nicht, ob ihre guten Gefühle mit ihm oder mit mir zu tun hatten. Sie sagte, sie fühle sich in seiner Gegenwart wohl; sie mochte die körperliche Nähe und mochte es, ihm zuzuhören, insbesondere wenn er über Dinge außerhalb seiner selbst sprach und sich nicht auf Introspektive konzentrierte. Sie drückte erneut ihre Angst aus, daß ihre guten Gefühle und Erfahrungen verlorengehen könnten, und schrieb dies ihrer Neigung zu, diese für sich zu behalten und nicht darüber zu sprechen. (Später erzählte sie mir, wie sie sich dazu gezwungen hatte, mit mir über John zu sprechen, entschlossen, ihn nicht »den Weg aller anderen Dinge nehmen zu lassen, ihn nicht zur schattenhaften Nicht-Existenz in dem Leben zu machen, das ich mit dem Doktor lebe«.)

Eine Woche später reiste Graces Schwester Eleanor von der

Westküste herüber, um ihre Familie einen Monat lang zu besuchen. Grace freute sich auf Eleanor. Sie hatte einen Traum, in dem Eleanor ein wunderschönes Gesicht hatte, Grace war aber unfähig, sie anzusehen. Er erinnerte sie an den Traum, in dem sie Angst hatte, sie würde zu Stein werden, wenn sie Eleanors Gesicht ansah; ihre erste Analytikerin, Dr. P., hatte das mit dem griechischen Mythos von Medusa in Verbindung gebracht.[14]

Grace sprach darüber, wie sie ihre Schwester immer beschützt hatte. Eleanor war diejenige gewesen, die weinen oder wütend sein oder Grace sogar schlagen durfte, ohne daß diese sich wehrte oder auch nur etwas dagegen hatte. Grace war in der Schule besser gewesen, aber sie meinte, sie hätte auch hier gerne zugunsten von Eleanor zurückgesteckt. Ich erläuterte Grace, daß ihr Leben zu einer sehr frühen Zeit von Eleanor beeinträchtigt, für Eleanor geopfert worden war – durch die Schwangerschaft ihrer Mutter und Eleanors Geburt – und daß sie nie der Wut Ausdruck verliehen hatte, die sie damals gefühlt haben muß. Die Medusa-Träume interpretierte ich zum einen als Graces eigenes Leben, das zu Stein geworden, zu einem Stillstand gebracht worden war, und zum anderen als ihr »Versteinert«-Sein, wenn sie Eleanors Gesicht ansah und dabei jemanden sah, den sie zerstört hatte.

Eleanor und Martha waren bei mehreren Sitzungen dabei. Grace und Eleanor sprachen davon, wie sie versucht hatten, frei zu sein – von der Familie und voneinander –, und deshalb wegziehen mußten: Eleanor an die Westküste, Grace nach England. Sie erkannten, daß die räumliche Distanz zwischen ihnen auch ein Schutz war gegen die Angst und die Schuldgefühle, hervorgerufen von dem Wissen um jeden Schmerz und jedes Unglück im Leben der anderen. Martha sagte, vor einigen Tagen seien Grace und Eleanor die ganze Nacht aufgeblieben und hätten über ihre Kindheit gesprochen. Sie und Eleanor seien erleichtert und erfreut gewesen über Graces Beteiligung an diesem Gespräch. Sie schienen ihre Unterhaltung in meiner Praxis fortzusetzen, und in deren Verlauf erfuhr ich, daß Eleanor und Martha

Grace nicht gemocht und sie gehänselt hatten, weil sie immer brav war.

Grace und Eleanor beschwerten sich über ständige Störungen während ihrer Kindheit und Jugend: Freunde ihrer Eltern »schauten regelmäßig vorbei, als ob unser Haus ihre Stammkneipe sei«. Die Mädchen wurden bei ihrem Spiel unterbrochen, um den Freunden der Familie Gesellschaft zu leisten. Eleanor erklärte, sie habe geschworen, wenn sie erst mal ihr eigenes Haus habe, würde es nur für die Leute offenstehen, die sie wirklich um sich haben wolle.

In einer späteren Sitzung konfrontierten sie ihre Mutter mit dem Vorwurf dieses Mangels an Privatsphäre. Daraufhin sprach sie über ihre eigene Kindheit: Sie war in einer Kleinstadt in Maine aufgewachsen und war nicht nur ein Einzelkind, sondern auch das einzige Enkelkind zweier großer Familien gewesen. Als Mittelpunkt so vieler Erwachsener wurde sie verwöhnt und umsorgt, und ihre Verwandten, insbesondere mütterlicherseits, legten großen Wert auf ein Familienleben. Als sie ins College kam, war sie froh, von dem Leben fortzukommen, das sie als isolierend und erdrückend empfunden hatte. Als sie heiratete, war sie entschlossen, »ein offenes Haus zu führen, ohne geschlossene Türen«, eine freie und offene Umgebung zu schaffen, wie sie sie vermißt hatte. Sie erkannte jetzt, daß sie ihre Kinder bei dem Versuch, ihr eigenes Leben zurechtzurücken, verletzt hatte.

Eleanors Besuch und die Familientherapiesitzungen ließen die Schwestern einander näher fühlen und einander als Individuen anerkennen.

Im März heiratete Eleanor; Martha, die ebenfalls vorhatte zu heiraten, beschloß, nach New Haven zu ziehen und mit Will zusammenzuleben. Grace freute sich für ihre Schwestern und hatte das Gefühl, nicht länger für sie verantwortlich zu sein.

Doch auf mancherlei Weise nahm sie sich selbst immer noch als Mittelpunkt der Familie wahr – sie war immer noch, wie sie es nannte, »das Kind, das die Probleme der Familie verkörpert, die es verschwinden lassen soll: ›Wenn es ihr gut geht, müssen wir nicht über uns selbst nachdenken – als Familie.‹« Ihre Mutter, sagte sie, gebe ihr das Gefühl, gerade das Kind zu sein, das sie »so sehr nicht zu sein versuchte: dasjenige, das beobachtet, umsorgt werden muß.« Die Familie schien auch etwas an der Beziehung zwischen ihr und mir auszusetzen zu haben, in der Grace etwas für sich selbst bekam; und so drängte sie mich erneut, die Familientherapiesitzungen zu beenden.

Ihre Mutter hatte das Gefühl, Grace würde sich mehr mit der Familie verbunden und sich in ihr wohler fühlen, und obwohl sie nicht länger um ihre körperliche Unversehrtheit fürchtete, machte sie sich Sorgen, ob es Grace auch weiterhin gut gehen würde und sie diese Nähe zur Familie aufrechterhalten könnte. Auch ich sorgte mich jetzt weniger um Grace, und wir beschlossen, die Familientherapiesitzungen zu beenden. Grace erzählte mir einen Traum, der ihren Kampf und ihr Bedürfnis nach einem Ende der Sitzungen ausdrückte:

Es findet eine Familientherapiesitzung statt, und wir treffen uns irgendwo anders, in dem Konferenzraum eines Gebäudes, nahe dem der Vereinten Nationen. Grace denkt, sie und ihre Eltern werden getrennt dorthin gehen, aber plötzlich sind sie alle in ihrer Wohnung versammelt, und sie ist gereizt. Sie sind spät dran. Sie versucht, ihre Eltern zum Aufbruch zu bewegen, und hat Angst, daß sie zu spät kommen und ich nicht warten werde. Sie scheinen sich immer mehr zu verspäten. Sie beobachtet, wie die Minuten auf der Uhr verstreichen. Ihre Eltern gehen beziehungsweise verschwinden einfach. Sie kommt am Treffpunkt an und hält überall nach mir Ausschau, kann mich aber nicht finden. Ich habe nicht gewartet. Sie ist fuchsteufelswütend auf ihre Eltern und wacht mit dem Gefühl auf, daß ich tot bin.

Obwohl Grace die Trennung von ihrer Familie forcierte und, jetzt da Martha fortzog, eifrig nach einer Wohnung suchte, hatte sie Angst davor, ihr eigenes, individuelles Leben zu führen. Das zeigte sich in den nächsten Wochen: Sie wurde zunehmend bedrückter und fürchtete den Verlust ihrer Bindung an mich. Sie erzählte mir von einem Traum: »Jemand verteilt Geschenke, legt etwas in meine Hand. Es ist ein alter Nagel.« Sie erzählte mir daraufhin, daß sie vor langer Zeit tatsächlich einmal einen alten Nagel von der Straße aufgelesen und ihn in ihrer Jackentasche oder Handtasche bei sich getragen hatte. Sie nahm ihn eines Tages an ihren Arbeitsplatz mit und legte ihn neben ihre Schreibmaschine. Als sie ihn sah, erinnerte sie sich an den Traum. Ich wies Grace auf ihre intensive Angst vor Trennung hin. Der Nagel, erklärte ich ihr, sei das Symbol unserer Verbindung und würde die Trennung und die Angst vor dem Tod abwehren.

Daraufhin erzählte sie mir von folgendem Traum. Aus Graces Tagebuch:

»Ich bin in der Praxis des Doktors. Ich warte und warte. Schließlich kommt er, in einer karierten Hose und einer leuchtend grünen Jacke. Er murmelt eine Erklärung, warum er zu spät kommt; er trägt eine Tasche, als ob er Golf spielen wolle. ›Sehen Sie, ich muß heute nicht arbeiten.‹ – ›Das hätten Sie mir sagen müssen‹, sage ich. ›Ich mußte heute auch nicht arbeiten, wir hätten einen späteren Termin ausmachen können.‹ Lange Erklärungen, warum es wichtig ist, immer dieselbe Zeit auszumachen. Dann sind wir in seinem Haus, ich sehe seine Ehefrau – eine blasse, blonde Frau, weiches Gesicht, in einem Bademantel. Sie passen zusammen, denke ich.

Neue Szene. Ich stehe vor einem Fenster, mein Kopf liegt auf dem Fensterbrett. Dann liegt mein Kopf auf dem der Frau des Doktors, sein Kopf auf meinem. Sie haben gefrühstückt: Eier, Schinken, einen großen Fisch, Kartoffeln. Ich spüre, wie sie fragt, ob ich etwas möchte. Ich verneine. Er ißt ein paar Kartoffeln. Er steht auch draußen.

Dazwischen Szene mit ihm in seiner Praxis. (Jetzt scheint auch er einen Bademantel zu tragen.) Er sitzt auf meinem Stuhl, der direkt vor dem Fenster steht. Drei junge Frauen in Bademänteln (manchmal mehr) tanzen um ihn herum, setzen sich auf seinen Schoß. Diese Szene taucht immer wieder auf.

Ich gehe zurück zu seinem Haus, zu seiner Frau, die sehr nett ist. Viele Menschen: Sie feiern gerade eine Party oder werden es gleich tun. Rosafarbene Tischtücher draußen auf dem Rasen. Ich sehe eine Frau aus meinem Büro in einer rosafarbenen Satinbluse, die sich aus einem Fenster lehnt. Ich frage sie, warum sie da ist. ›Es ist eine Art internationaler (Studenten-)Versammlung. Sie haben eine bestimmte Anzahl von Journalisten eingeladen‹, sagt sie. ›Warum kommen Sie nicht auch?‹ – ›Ich bin aus einem anderen Grund hier‹, sage ich; sie scheint diesen Grund zu kennen.

Wieder beim Doktor. Ich sage ihm, daß ich zu dieser Party gehen werde. Eine weitere lange Erklärung, daß man Geschäft nicht mit Geselligkeit mischen darf, kann, soll, wird. Ich polemisiere (oder versuche es) ein wenig (vielleicht auch viel: Sinn für Antagonismus?). Dann geht er fort, einen Berg hinunter, einen Berg hinauf, zu dem Platanenbaum mit der Schaukel, und ich folge ihm, denke, endlich allein mit ihm. Ich nehme eine schwere hölzerne Scheibe und werfe damit nach ihm, ziele so, daß sie neben ihm zu Boden fällt. Aber sie streift ihn an der Schulter. Er fällt? Ich eile zu ihm, dann liege ich plötzlich auf dem Boden, tränenüberströmt, sage sehr traurig, ›Sie können jetzt gehen, ich habe Sie endlich verletzt, irreparabel, unverzeihlich. Sie können jetzt weggehen.‹ Und durch mein Weinen wache ich auf.«

Ich interpretierte Graces Traum dahingehend, daß er ihre verschlingenden Impulse und sexuelle Erregung zeige und wie sie von Schuldgefühlen regiert werde und der Verzweiflung anheimfalle, weil ihre Wut angesichts meiner Zurückweisung und die Frustration ihrer Wünsche mich zerstört habe. Es gibt Anzeichen für die Entwicklung der Fähigkeit zur Anteilnahme (Winnicott 1963a): Für instinktive Impulse wird Verantwortung übernommen, und das Objekt wird als Ganzes und als reale Person wahrgenommen. (Diese Vorstellungen sind auch verbunden mit Winnicotts Konzept vom »Gebrauch eines Objekts«.) Die Fähigkeit zur Anteilnahme ist vergleichbar mit der Vorstellung von depressiven Ängsten, Schuldgefühlen und Wiedergutmachung in Kleins Depressionstheorie.

Das Ödipale des Traumes, das nicht interpretiert wurde, ist das, was Guntrip (1968) als einen frühen pathologischen ödipalen Komplex beschrieben hat, bei dem die Eltern irreal und idealisiert werden. Das Kind wendet sich von der Mutter zum Vater, pendelt zwischen ihnen hin und her auf der Suche nach einem sicheren, stabilen, liebevollen Umfeld. Umgekehrt kann es auch Chasseguet-Smirgels (1986) Hypothesen von der archaischen Matrix des Ödipuskomplex repräsentieren: ein primäres Verlangen, ein Universum ohne Hindernisse zu entdecken, das mit dem Bauch der Mutter identifiziert wird, der seiner Inhalte entledigt ist und zu dem man freien Zugang hat. Somit entsteht ein Zustand uneingeschränkten Vergnügens. Es gibt eine ähnliche Fantasie einer zerstörerischen Realität, die durch den Vater, seinen Penis und die Geschwister dargestellt wird – die Inhalte und Hindernisse im Bauch der Mutter.

Chasseguet-Smirgel (1992) entwickelte diese Vorstellungen, indem sie der väterlichen *Funktion*, dem Hindernis zwischen Mutter und Kleinkind, fundamentale Bedeutung für die frühe Entwicklung des menschlichen Geistes zuwies.[15] Sie stellte darüber hinaus die Hypothese auf, daß es eine Übereinstimmung gibt zwischen der psychoanalytischen Situation und der Struktur des mentalen Apparates. Die analytische Situation wird als Enklave gesehen, in der der grundlegende menschliche Wunsch nach einer Regression in die uterine mütterliche Matrix im Kontext der Sitzung erfahren werden kann, wohingegen der festgesetzte strukturelle Rahmen der Sitzung, dessen Aufrechterhaltung die Aufgabe des Analytikers ist, auf eine Beendigung der Beziehung hinweist.

Der Traum wurde in gewisser Weise am folgenden Tag noch einmal durchlebt. Grace kam zu ihrer frühmorgendlichen Sitzung, schien verstört und distanziert, und ich konnte sehen, daß sie sich erneut Schnitte am Handgelenk zugefügt hatte. Sie sagte, sie sei in der Nacht zuvor mit einem Gefühl der Isolation und der Kälte schlafen gegangen. (Tatsächlich waren in ihrer Wohnung zwei Tage lang Heizung und warmes Wasser ausgefallen.) Als sie so auf dem Boden lag (wo sie oft schlief), hatte sie – überwältigt von ihren Gefühlen der Kälte und der Leblosigkeit – mit einem Gefühl der Ruhe und Erleichterung versucht, sich die Pulsadern aufzuschneiden, und beobachtet, wie das Blut in eine Glasröhre tropfte: »Ich tat alles kaltblütig.«

Als sie an diesem Morgen hinter mir in die Praxis ging, hatte sie den Impuls, mit dem Glasröhrchen nach mir zu werfen. Während der Sitzung blieb Grace distanziert und weigerte sich, mir den Schnitt zu zeigen. Sie sagte, sie würde am Abend nach der Arbeit zur Notaufnahme gehen. Ich rief dennoch Dr. V., den plastischen Chirurgen, an und fuhr sie in seine Praxis. Ich wollte sie absetzen, wie ich es in der Vergangenheit immer getan hatte, aber dieses Mal bat sie mich zu meiner Überraschung, mit hineinzukommen und bei ihr zu bleiben. Ich war noch nie bei ihr gewesen, während einer ihrer Schnitte versorgt wurde. In ihr Tagebuch schrieb sie:

»Dr. V., der Magier. Er steht auf meiner einen Seite und näht, der Doktor steht auf der anderen, hält meine Hand und meinen Kopf. Das genähte Handgelenk schmerzt. Ich spüre die Löcher in der Haut, durch die der kleine Angelhaken den Faden zog. Welch eine Faszination in diesen Fäden liegt. Binden sie mich wirklich an den Doktor? Ich muß mir die Erinnerung daran bewahren, wie sicher ich zwischen den beiden Ärzten lag: Es ist der Traum, in dem mein Kopf auf dem Fensterbrett zwischen den Köpfen des Doktors und seiner Frau liegt.«

Grace rief wie vereinbart an diesem Abend an. Sie fühlte sich schrecklich; ihre Wohnung war eine einzige große Unordnung, und weder Heizung noch warmes Wasser funktionierten. Sie sagte, es gebe niemanden, zu dem sie gehen könne, um ein heißes Bad zu nehmen. Wieder schien sie sich aus ihrer Einsamkeit und ihrer kalten Welt an mich zu wenden mit dem Wunsch, in meinem warmen Haus zu sein.

Diese Veränderung in ihrem Verhalten erinnerte mich an Winnicotts (1969b) Theorie vom »Gebrauch eines Objekts«: Ich hatte ihre Zerstörung überlebt. Folgerichtig war sie in der Lage, mich als reales und äußeres Objekt wahrzunehmen, und konnte mich »gebrauchen«.

# Zwei getrennte Welten (Fayek Nakhla)

Grace sagte, wie allein und abgeschnitten von mir sie sich fühlte. »Wir befinden uns in zwei getrennten Welten«, meinte sie; sehnsüchtig sprach sie davon, wie das Aufschneiden ihrer Handgelenke dieses Gefühl linderte. Die ersten Momente des Hineinschneidens und Blutens, erklärte sie, gaben ihr ein schwer zu beschreibendes Gefühl von »segensreicher Ruhe«, und obwohl sie das Zerstörerische daran und die Konsequenzen haßte, war der Akt zwingend und war ihm kaum zu widerstehen. Ich verglich ihn mit einer Droge, einer Sucht, und fragte, ob es noch etwas anderes gebe, das ihr dieses Gefühl vermittelte.

Sie sagte, die ganze Nacht aufzubleiben und zu schreiben und dann plötzlich zu erkennen, daß Schreiben denselben Effekt haben könnte. Ihr Kommentar verblüffte mich, und ich erkannte mit neu erwachtem Interesse die Bedeutung ihres Tagebuches. Ich schlug vor, daß ich mir das Tagebuch einmal ansah. Grace lächelte: Das sei unmöglich, da es aus fünfzehn umfangreichen Bänden bestehe. Ich bot daraufhin sofort an, sie nach Hause zu begleiten, um die Bände in Augenschein zu nehmen. Sie war von der Vorstellung überrascht und aufgeregt. Bei der nächsten Sitzung erzählte sie mir, daß sie es aufschreiben mußte, um es glauben zu können; ganz ähnlich, sagte sie, wie sie als Kind nicht glauben konnte, daß ein Tag wirklich existiert hatte, außer wenn sie darüber schrieb.

Obwohl wir beide gleichermaßen begeistert über ihr Schreiben sprachen, war Grace auch besorgt, daß ich es auf irgendeine Weise verunglimpfen könnte, wie ihre Mutter es ihrer Meinung nach getan hatte. Während ihrer College-Zeit hatte Grace ihrer Mutter einmal eine selbstverfaßte Geschichte zu lesen gegeben. Sie hatte bereits mehrere Versionen dieser einen Geschichte angefertigt, und die Reaktion ihrer Mutter auf diese neue Version war: »Kannst du nicht einmal über etwas anderes schreiben!«

Ich entschuldigte mich dafür, daß ich die Bedeutung des Tagebuchs zuvor nicht ganz verstanden hatte. Ich hatte das Tagebuchschreiben als defensive mentale Aktivität ihres falschen Selbst betrachtet (Winnicott, 1960c). Jetzt erkannte ich, daß es zwar dieser Funktion diente, aber ich hatte seine Beziehung zu den kreativen und imaginativen Aspekten des Selbst übersehen. Grace war nicht in der Lage gewesen, über seine Bedeutung für sie zu sprechen, weil sie nicht stark genug daran glaubte, fürchtete, daß es unwichtig war, tot. Sie erklärte, daß sie sich als Kind gezwungen gefühlt hatte, jeden Tag in ihrem Tagebuch festzuhalten, so als ob etwas Schreckliches geschehen würde, wenn sie es nicht tat. Um mir verständlich zu machen, was ihr Tagebuch und ihr Schreiben für sie bedeutete, zeigte sie mir einige Zitate von Joan Didion:

»Der Impuls, Dinge aufzuschreiben, ist ein besonders zwanghafter, unerklärlich für jene, die ihn nicht teilen, nützlich nur zufällig, in zweiter Linie, auf eine Weise, wie jeder Zwang versucht, sich selbst zu rechtfertigen. Ich nehme an, daß es in der Wiege beginnt oder auch nicht ... Wer ein privates Notizbuch führt, gehört zu einer völlig anderen Rasse, einsame und widerspenstige Rearrangeure von Dingen, ängstliche Unzufriedene, Kinder, die offenbar bei der Geburt mit der Vorahnung von Verlust geschlagen wurden« (Didion 1969).

»Ich fühlte mich zerschlagen, verstört, nicht ich selbst.

Ich hätte am Strand spazierengehen können. Statt dessen ging ich in mein Arbeitszimmer und setzte mich vor meine Schreibmaschine, und alles war in Ordnung. Ich hatte die Kontrolle. Ich beruhigte mich. Ich bin nur ich selbst vor meiner Schreibmaschine.

Manchmal denke ich, ich kann gar nicht denken, außer wenn ich vor meiner Schreibmaschine sitze« (Braudy 1977).

Grace erzählte mir, wie sie Listen erstellte, nicht nur von Dingen, die sie tun wollte, sondern von Gedanken, Erfahrungen. Sie schrieb sie in ein Notizbuch, das sie bei sich trug, oder auf Papierschnipsel. Sie zeigte mir eine Liste, die sie in ihrer Handtasche hatte:

Briefe – Catherine H, Kare, Onkel George
M anrufen
Anderson Isometrik – Landkarten
S Weil Biographie
Sollte ich einen Kamm bei mir tragen?
Ob er (Dr. Nakhla) Notizen macht oder Aufzeichnungen führt?
Der Ausblick auf den Central Park von der Park Avenue, zwei Häuserblocks weiter, ähnelt dem auf Hamstead Heath von unserem Apartment aus.

Was Winnicott in seinem Aufsatz ›Die Beziehung zwischen dem Leib und dem Geist-Seelischen‹ (1949) schreibt, ist zentral für das Verständnis von Graces Tagebuchführen als einer Funktion ihres Geistes, der zum Sitz ihres falschen Selbst geworden war.

Winnicott unterscheidet zwischen dem Geist (dem Intellekt) und der Psyche, die er in dem frühen Entwicklungskontext des Selbst als »die imaginative Ausführung von somatischen Teilen, Gefühlen und Funktionen« beschreibt, »das heißt von körperlicher Lebendigkeit«. Er betrachtet die früheste Phase der individuellen Entwicklung als Aufbau einer wechselseitigen Beziehung von Soma und Psyche. Er glaubt, daß »der Geist im Schema der Dinge des Individuums nicht als Wesenheit existiert, es sei denn, das individuelle Psyche-Soma oder Geist-Seelische hat die sehr frühen Entwicklungsphasen befriedigend durchlaufen; der Geist ist dann nicht mehr als ein Spezialfall der funktionierenden Psyche-Soma«. Winnicott behauptet, daß die mentalen Aktivitäten eines gesunden Kleinkindes die Mängel einer Mutter ausgleichen können. In allzu frühem mütterlichen Versagen oder unregelmäßiger mütterlicher Betreuung kann der Geist überreagieren, und die mentale Aktivität wird zum Ersatz für die mütterliche Fürsorge.

Graces frühreife intellektuelle Entwicklung war pathologisch und von der Lebendigkeit ihres Körpers und seiner Funktion dissoziiert; infolgedessen war sie zu »einer Behinderung des

Leib-Seelischen« geworden und ihrer Kontinuität des Seins, die das Selbst konstituiert.

Grace hatte eine neue Wohnung gefunden, und sie schlug vor, ich solle warten, bis sie eingezogen war, um sie zu besuchen und mir ihr das Tagebuch anzusehen. Sie wollte unbedingt umziehen; sie beschrieb mir die Wohnung und zeichnete einen Lageplan auf, und dann stellte sie mir Fragen zu meiner Wohnung, und ich zeichnete einen Plan für sie. Es war das erste Mal, daß sie einen Ort hatte, der ein eigenes Zuhause für sie war. Sie wollte alles selbst tun; insbesondere wollte sie nicht, daß ihre Mutter sich einmischte. Freunde halfen ihr jedoch beim Anstreichen, und sie gestattete ihrer Mutter, ihr beim Verlegen eines neuen Linoleumbodens in der Küche zu helfen.

Es war eine ungewöhnliche und aufregende Erfahrung, als ich Grace in ihrer neuen Wohnung besuchte und bei einer Tasse Tee ihre Tagebücher durchblätterte. Das Tagebuch war eindrucksvoll: Sein bloßer Umfang dokumentierte ein ganzes Leben. Es schien mir, wie ich ihr sagte, daß ihre ganze Geschichte darin enthalten sei und daß sie sie eines Tages veröffentlichen sollte. Ich verließ sie mit einem Gefühl der Lebendigkeit in mir, dem Gefühl, mit Grace wie mit einer richtigen Person in ihrer eigenen Welt zusammengewesen zu sein. In der folgenden Woche erzählte sie mir, daß sie sich über meinen Besuch gefreut habe, obwohl sie, als ich ging, das Gefühl hatte, ich würde sie verlassen. Ich erinnerte sie daran, wie sie sich nach der Sitzung während meines Sommerurlaubs vor zwei Jahren gefühlt hatte, als sie ein überwältigendes Gefühl von Verlust ihres Selbst gespürt und sich ihren ersten ernsthaften Pulsaderschnitt zugefügt hatte.

Sie akzeptierte und schätzte meine Anerkennung ihrer Getrenntheit und ihres Gefühls einer individuellen Identität, aber sie sorgte sich auch um den Verlust der grundlegenden Einheit, fürchtete sogar, daß diese Einheit nie bestanden habe, irreal sei oder einfach nur ein Spiel, das ich gespielt hatte. Dieses Gefühl der Irrealität hielt an, und zwei Wochen lang sprach sie überhaupt nicht über den Besuch.

Dann kam sie offensichtlich bekümmert zu einer Sitzung und setzte sich auf den Rand der Couch, schweigend und abgesondert. Ich setzte mich neben sie und legte meinen Arm um sie. Sie schmiegte sich an mich, schlug mehrmals kraftvoll ihren Kopf gegen mich und stieß dabei kleine Schreie aus. Als sie ruhiger wurde, sagte ich zu ihr, daß sie tatsächlich in mich zurück wollte, in meinen Schoß, wo sie wieder eins mit mir würde. Sie blieb ruhig und still, und meine Hand ruhte während der restlichen Sitzung sanft auf ihrem Rücken. Zwei Tage später erzählte sie mir den folgenden Traum:

»Ich war in einer U-Bahn-Station an der 68sten Straße (die Station zur Praxis des Doktors). Ich wartete auf einen Zug. Dann war ich im Zug, und der Doktor war der Fahrer. Ich wußte eigentlich nicht, wohin ich fuhr. Ich stieg aus, doch dann kam mir die Idee, daß ich bis zur Endstation dieser Linie mitfahren könnte. Ich versuchte, auf einer Karte nachzusehen, wo die Endstation lag: Irgendwie handelte es sich um die Londoner U-Bahn – vielleicht war es die ganze Zeit schon London, denn die Züge kamen aus genau einer anderen Richtung als in New York. Die letzte Station hieß St. Elizabeth Axe oder vielleicht auch Acts, was jedoch nicht das wirkliche Ende der Linie zu sein schien: der Central Line, der roten Route (auf der Karte des Londoner U-Bahn-Netzes). Die Route ging als schwarze Linie noch lange weiter, aber ich wußte, es war die Central Line, denn sie führte nach Epping.

Schwarz auf schwarz: Es war überall dunkel. Plötzlich lehnte ich mich gegen das Fenster der Fahrerkabine, berührte dabei den Arm des Doktors. Er war der Grund, warum ich im Zug bleiben wollte, während ich gleichzeitig dachte, es sei eine Art Trick, es sei eigentlich nicht erlaubt, immer bei ihm zu sein. Aber ich wußte, er würde das wissen, und es würde ihm vielleicht nicht recht sein. Ich verließ dann die U-Bahn-Haltestelle über eine Leiter durch ein Loch oder einen Durchgang. Es gab da noch eine Szene in einem abgedunkelten Haus, ich trug Dinge Treppen hinauf und hinunter, wartete, daß jemand käme.«

Ich erläuterte Grace, daß ihr Traum, mit mir in der U-Bahn und im Zug zu sein, wieder ihren Wunsch verkörperte, in den Schoß zurückzukehren. Die Central Line (die rote – Blut – Linie), die nicht kontinuierlich bis zum Ende ging, stellte das Trauma der Geburt dar, das sie verwirrt und in einer schwarzen Dunkelheit zurückgelassen hatte. Der Traum illustrierte auch die Hyperaktivität von Graces Intellekt in der Abwehr ihrer Verwirrung und ihrer Angst, abgeschnitten und verlassen zu sein. Wenn sie sich von mir abgeschnitten fühlte, fuhr sie häufig mit der U-Bahn, um ihr Entsetzen und ihr inneres Chaos zu beschwichtigen. Im Traum war ich bei ihr in ihrer Welt der U-Bahnen als Fahrer des Zuges, und bei dem Versuch, sich zurechtzufinden, hilft ihr die Erinnerung an meine Ansichtskarte mit dem Streckennetz der Londoner U-Bahn.

Die schwarze Dunkelheit der Trennung, des Verlusts und der Zerstörung unserer Einheit ist auch die Dunkelheit einer Geburt. Little und Flarsheim (1972) sprechen von einer solchen Erfahrung »*als einer Neugeburt und Neuschöpfung des Selbst und der Welt. Geburtsphantasien und -erinnerungen in der Analyse resultieren nicht nur aus der tatsächlichen Geburtserfahrung. Sie können auch aus Erinnerungsfetzen des Auftauchens als Individuum aus dem frühen Zustand des subjektiven Einsseins mit der Mutter und dem Eingehen einer Beziehung zu getrennten Personen stammen.* Im Gegensatz zu dem einzigartigen Ereignis der körperlichen Geburt kann diese psychologische ›Geburtserfahrung‹ wiederholt auftreten.«[16]

Grace erzählte mir, daß sie niemals eine Topfpflanze gehabt hatte, denn sie fürchtete, sie nicht am Leben halten zu können. Für ihre neue Wohnung hatte sie eine Geranie gekauft; es schien ihr nicht gut zu gehen, und Grace hoffte, sie würde nicht eingehen.

# Das Tagebuch:
## Illusion oder Realität? (Grace Jackson)

Der Doktor sagt, wenn ich in meine neue Wohnung gezogen bin, kommt er mich besuchen – und sieht sich meine Tagebücher an. Ich kann es kaum glauben. Will ich das überhaupt? Habe ich mir nicht genau das oft insgeheim gewünscht? Will er wirklich kommen? Will er teilhaben? Meine Geschichte mit mir zusammen schreiben? Er hat es selbst gesagt. »Für Sie stehe ich außerhalb Ihrer Welt, Sie erfahren nie das Gefühl der Einheit: nur mit Glas und Rasierklingen.« Nun wird er meine Welt betreten: das Tagebuch, das er abgelehnt, abgetan hat. Er wird das versteckte Selbst kennenlernen; ich muß es wagen, ihm das Tagebuch zu zeigen.

»Es tut mir leid, falls das noch etwas nützt, daß ich die Bedeutung des Tagebuchs nicht früher erkannte, nicht schon früher Bescheid wußte«, meinte er. »Es gibt einiges, das zu meiner Verteidigung gesagt werden könnte.« Ja, ich habe es Ihnen nicht gesagt, oder vielmehr, ich habe nicht darauf bestanden. Als Sie sagten: »Das ist tot, da ist kein Leben darin«, habe ich es Ihnen geglaubt.

Ich glaubte ihm, und doch habe ich weitergemacht, denn zuerst gab es da natürlich Susan, und beide glaubten wir an das Schreiben. Aber ich vermute, auch sie hatte begonnen, das Tagebuch für eine Art Krankheit zu halten – sie wie alle anderen. »Sie waren alle auf Ihrer Seite«, sagte ich ihm. »Sahen nicht, erkannten nicht, daß das Tagebuch mich verkörpert.«

*Tut es das?*

Vielleicht hat er letzten Endes doch recht, vielleicht ist das Tagebuch ein totes Ding, ein Tod.

Ich verließ die Praxis des Doktors nach dieser Sitzung, um mich mit John zu treffen, aber auf dem ganzen Weg mit der Bahn in die Innenstadt gelangen mir nur unzusammenhängende Notizen. Als ob ich mich in einer Art mystischem Zustand befände. Ich wollte nicht feststellen müssen, daß unsere Intimität illusorisch war, entweder nie existiert oder sich aufgelöst hatte. Wir waren zusammen gewesen, vereint, könnte man sagen; ich kämpfte nicht gegen die Unbeweglichkeit, die Angst vor ihm, seine Irrealität – er als eine Figur in einem Sessel, eine Figur außerhalb meiner Welt. Einfacher gesagt, ich war plötzlich nicht von ihm isoliert und er nicht von mir isoliert.

Drei Tage später begann er mit der Frage, ob ich immer noch aufgeregt sei, ob die Intimität der vorhergegangenen Tage noch vorhanden war, und ich mußte antworten, nein, sie ist im Auf und Ab des Lebens dazwischen verlorengegangen. Ich war zuerst aufgeregt und ungläubig und auch ängstlich gewesen; die Stärke meiner Gefühle war daran zu ermessen, daß ich sie unmittelbar danach aufschreiben mußte: Alles wurde erst dann real, wenn es aufgezeichnet wurde. Nach den drei Tagen schien er noch überzeugter davon zu sein, wie wichtig dies sein könnte, während ich nicht wagte, auch nur daran zu denken. Und dann kam es in einer Art Rausch über mich: Mein ganzes Leben lang hatte ich mir gewünscht, erkannt zu werden. Mein Selbst buchstäblich zu teilen, mitzuteilen auf eine Art und Weise, die für mich mehr als alles andere mein Ich verkörperte: mehr als jede Tat oder gesprochene Worte oder jede Beziehung. Diese Dinge wurden alle fortgeführt, ausgetragen in meinem Tagebuch.

Wenn er mich besuchte, um meine Tagebücher zu lesen, dachte ich, würde er mit mir eins werden, noch lebendiger, intensiver – über meine Tagebücher, die ich immer (wenn auch mit Phasen des Zweifels) für mein wahres Selbst gehalten hatte, ein Selbst, das besser auf Papier kommunizierte als im Gespräch, als im wirklichen Leben. Er hatte diesen derart zentralen Teil von mir geleugnet; schließlich gab er jedoch zu, daß die Wahrheit in dem liegen könnte, was ich vor der Schreibmaschine war. Bei dem Gedanken an seinen Besuch spürte ich sowohl Zweifel als auch Vorfreude.

»Was werden Sie darin sehen? Ereignisse und Menschen, von denen ich Ihnen nie erzählt habe. Aber was werden Sie emotional sehen, was im Vergleich zu dem, was Sie jetzt sehen, die Kind-Frau, die vor Ihnen sitzt, auf dem Rand des Sessels oder auf dem Fußboden, die ihren Kopf hängen läßt, ihre Augen auf den Teppich oder auf einen Punkt an der Wand oder das Fenster gerichtet und so selten auf Sie. Die auf und ab geht, sich gegen das Bücherregal drückt oder sich in die Vorhänge einwickelt ... kalt ... weinend. Innerlich verzweifelt die Hand nach Ihnen ausstreckt, während ihre Arme, überkreuzt, den eigenen Körper umklammern, halten: Verweigernd sitzen Sie in Ihrem schwarzen Sessel mit übergeschlagenen Beinen. Und Sie lehnen sich nach vorn, begeben sich zu ihr auf den Boden oder hinter den Vorhang, und einen Augenblick lang ergibt sie sich ihrer Sehnsucht. Und verläßt starr den Raum.«

Ich dachte über das, was zwischen mir und dem Doktor geschah, geschehen war, wie besessen nach: über die Bedeutung der Tagebücher und was ich über ihn in die Tagebücher geschrieben hatte und wie es ganz praktisch möglich sein würde, sich allein durch ihre gewaltige Masse zu lesen. Manchmal wartete ich sehnsüchtig auf seinen Besuch, manchmal wünschte ich, er würde nie kommen, dennoch war ich mir seiner immer bewußt, schrieb jetzt für ihn – oder vielleicht hatte ich schon immer für ihn geschrieben:

»Sie: Ich glaube, es gab immer ein Sie in der einen oder anderen Verkörperung, die Person, an die der Brief adressiert war. Es überrascht mich immer wieder, besonders am Morgen, Sie verkörpert zu sehen, als reale, lebende Person, denn ich denke nicht in menschlichen Begriffen an Sie. Sie sind eine Art allmächtiger Geist, der mich verfolgt und besitzt und mich besessen macht und sogar dann gegenwärtig ist, wenn ich mich mit anderen Dingen beschäftige.

Sie warten auf mich am Ende des morgigen Tages, und mit diesem Licht lebe ich. Aber dazu gehört die Angst, daß es ein Mythos ist, daß Sie ein Mythos sind, ein Traum: etwas Selbstgemachtes, um mein zerschlagenes Selbst zu besänftigen. Die Angst, in eisigem Schweigen dasitzen zu müssen und dann mit nichts zu gehen: die Tränen, die Ängste, im Innern gefangen bleibend. Weine ich, nehmen Sie sie mir bitte. Ich sitze auf dem Rand des Stuhls, gespannt, voller Verlangen, mich Ihnen zu Füßen zu werfen, ein flehender Schrei nach Gnade, nach Rettung. Ich vermute, in gewisser Weise ist Ihnen das klar, aber Sie sind machtlos, etwas von mir zu nehmen, von dem ich nicht weiß, wie ich es geben soll. Mir zu sagen, wer ich bin, wenn ich Ihnen keinen Hinweis gebe. Die einzige Konstante sind die schwarzen Wörter auf der Seite, und in Ihrer Anerkennung der Wörter finde ich eine Hoffnung, einen Trost, wenn es einen gibt.«

Ich ging ganz darin auf, meine neue Wohnung herzurichten. Ich konnte den Umzug gar nicht erwarten, aber zuerst mußte ich saubermachen, malen, die Böden abschmirgeln, einen Telefonanschluß organisieren, Elektrizität, Gas. Zu meiner ersten Wohnung hatte ich, nachdem Susan und ich uns getrennt hatten, keinerlei Bindung mehr gehabt. Jetzt wollte ich alles selbst machen, sicherstellen, daß es *mein* Zuhause sein würde. Schließlich, Ende März, wohnte ich dort: Es war weiß, luftig, mit Blick auf zwei Straßen, und wo die beiden Straßen sich teilten, einem dreieckigen Platz mit rostigen Skulpturen. Ich dachte nicht, daß ich sterben würde, wenn ich die Tür schloß, wie ich das früher gedacht hatte. Dennoch schien mich all das von mir selbst zu trennen: Es gab immer etwas zu tun, etwas wegzustellen oder zu organisieren oder zu reparieren. Mein Tagebuch schien jetzt eine Aufzeichnung darüber zu sein, wie meine Wohnung Form annahm. Seßhaft, dachte ich, würde ich jemals seßhaft werden? Und dann: Wenn es physisch geschehen kann, vielleicht kann es dann auch geistig geschehen.

Ich hatte immer das Gefühl, daß das Schreiben den Tagen und Nächten, den sogenannten »Erfahrungen«, Sinn gab; ihr Aufbewahren in Schriftform erzeugte die Illusion, daß sie wirklich geschehen waren, versicherten oder garantierten mir, daß ich »lebte«. Nichts war gelebt, nur das Schreiben; nichts war ganz real oder ergab Sinn, nur das. Aber als ich mich immer mehr mit meiner Wohnung beschäftigte – dem äußeren Leben, wie mir schien –, war ich verwirrt. Ich wollte alleingelassen werden, wollte fühlen, daß die alte Lücke zwischen dem äußeren und dem inneren Leben tiefer klaffte denn je. War da wirklich eine Lücke, gab es wirklich zwei Leben, zwei Selbst? Verrückte sagen so etwas. »Nicht ich habe diese Flasche zerbrochen, es war jemand anderes, ein Teil von mir, der mit meinem Alltags-Ich keinerlei Verbindung hat. Ich weiß nicht, wer diesen Arm aufgeschlitzt hat.« Und so weiter. Es war eine Versuchung – mehr als eine Versuchung, ein tiefes Gefühl, ein Instinkt –, die Person, die zerschlagen und zerschnitten hatte, als deutlich eigenständige Person wahrzunehmen.

Das Zusammentreffen von Doktor und Tagebüchern würde das Zusammentreffen von zwei Ausprägungen meines Selbst sein. Das sollte eigentlich symbolisch geschehen, aber in meiner Welt war das unmöglich: Es mußte konkret geschehen (wie das Schneiden). Ich hatte Glück, daß er das verstand.

In meiner neuen Wohnung bereitete ich mich, unbewußt, ständig auf den Besuch des Doktors vor: Ich wollte, daß er kam, aber ich wollte zugleich nicht, daß es vorüber war. Ich wickelte den abgebrochenen Boden einer blauen Wasserflasche aus, in ihm befanden sich weitere Glassplitter. Ich begann, den Glasboden wieder einzuwickeln, ihn zu verstecken, hielt aber dann inne: Ich wollte nicht versteckt werden. Mein ganzes Leben lang hatte ich mich verstecken wollen, in Wirklichkeit wollte ich aber erkannt, entdeckt werden: Das war ein weiterer Grund, warum der Doktor kommen und sich meine Tagebücher ansehen sollte. Aber ich war immer noch ängstlich, fürchtete mich: »Er nimmt mich an oder auf, aber er verstößt mich auch, jeden Tag. Jeden Tag muß ich es durchmachen, verlorenzugehen und nur manchmal gefunden zu werden; und sogar wenn ich gefunden werde, ist es nur für den Bruchteil eines Augenblicks, und dann werde ich wieder auf die Straße geschickt.«

Ich fühlte mich jedes Mal wie gelähmt, wenn der Gedanke in mir hochkam, in klarem Schwarz-Weiß, wie er kam und sich alles ansah. Das eine Mal, dachte ich, wird *er* derjenige sein, der geht. Aber dann erinnerte ich mich daran, daß es im Krankenhaus so gewesen war: Und es war schrecklich, wie er durch die schwere Tür verschwand.

Schließlich kam der Doktor zu Besuch: Wir saßen in dem Zimmer mit den Bücherregalen, und er blätterte in meinen Tagebüchern, denjenigen aus meiner Kindheit, wo jede Seite mit »Liebes Tagebuch« begann und mit »In Liebe, Grace« endete. Schon damals hatte ich die Vorstellung gehabt, daß das Tagebuch ein Brief war, an jemanden gerichtet. Er brachte Kuchen mit; wir tranken Tee. Und als es vorbei war, konnte ich kaum glauben, daß es geschehen war. Was dachte er? War jemand dagewesen? Hatte er sie erkannt?

Ich war von ihm verlassen worden: verstoßen. So hatte ich mich in jenem Sommer gefühlt, als er seinen Urlaub unterbrach, um mich zu treffen: Das intensive Gefühl war das des Verstoßenwerdens, des Verlassenwerdens oder Verlorengehens anstatt des Gefundenwerdens. Das Gefühl, in einer Welt zu sein, hatte existiert – mußte existiert haben; aber dann wurde es durch das Abgeschnittenwerden zerstört, und das Abgeschnittensein wurde zur einzigen Erfahrung. Ich bedauerte seinen Besuch nicht; ich konnte mich nur nicht daran festhalten.

Telefonanrufe waren ein Versuch, das Gefühl des Abgeschnittenseins zu beschwichtigen. Wir vereinbarten Anrufe zu bestimmten Zeiten: Beispielsweise Montag morgen, nach dem Wochenende; oder er sagte nach dem Ende der Sitzung am Freitag, er würde am Samstag oder Sonntag anrufen, in der Lücke des Wochenendes. Ich fürchtete diese Anrufe, aber ohne sie hätte ich mich verstoßen gefühlt; ich haßte sie, und doch sehnte ich mich nach ihnen. Ich sagte dann beispielsweise: »Ich habe nichts zu sagen«, und er sagte: »Ja, das kommt oft vor.« Oder er sagte: »Ich habe ja gesagt, daß ich anrufe.« Und dann stellte ich mir voller Wut vor, daß er nur seine Pflicht erfüllte, seinen Job tat, einer Verpflichtung nachkam, ohne Gefühl für mich. Für ihn ist das Arbeit, dachte ich; für mich ist es mein ganzes Leben.

Ich versuchte immer, ihn mir am anderen Ende der Leitung vorzustellen, und wünschte, ich könnte mich ihm zeigen, aber sogar wenn ich die Worte dafür gehabt hätte, wären sie nicht richtig herausgekommen. Ich sammelte so meine Informationen, aber sie erschienen mir spärlich, kamen dem Bild eines vollen Lebens, eines vollen Selbst nicht nahe.

Sein Selbst war mein Selbst. Wenn ich Einzelheiten über ihn wußte, wußte ich dann auch Einzelheiten über mich? Sein Besuch hatte mich eher näher an ihn gebunden, anstatt mich von ihm zu trennen, und daher verlangte ich danach, Einzelheiten seines Lebens zu erfahren: wann er aufstand, was er zum Frühstück aß, was er letzte Nacht gemacht hatte ... Als ich fragte, was er gesehen hatte, als er zu Besuch kam, sagte er, es sei kein Schatten gewesen, sondern eine eigenständige, lebendige Person, eine Wohnung, Räume, in denen er mich später visualisieren konnte, die ihm ein vollständiges Bild, ein intimeres Gefühl für die Person verliehen, die viermal die Woche kommt und neben ihm sitzt. Wenn er das sah, sollte das auch mir sehen helfen.

Ungefähr eine Woche nach dem Besuch des Doktors träumte ich von ihm in der U-Bahn: Er war der Fahrer, und ich wollte in den Zug und bis zum Ende der Strecke mitfahren. Die U-Bahn war meine von ihm abgeschnittene Welt, in der er nicht existierte und die er nicht kannte; für mich war sie Aufenthaltsort, Stütze, Mutter. Wenn ich seine Praxis verstört verließ, war alles wieder in Ordnung, sobald ich zur U-Bahn kam. Manchmal schienen die beiden Straßen bis zur Haltestelle unmöglich zu bewältigen, manchmal fuhr er mich hin. Ich stand auf dem Bahnsteig und schrie in den Tunnel, bis ich ganz heiser war. Ich fuhr bis zum Ende der Strecken mit; mit der Zeit war ich an jeder Endstation schon einmal gewesen. Dennoch fühlte ich in erster Linie Verlust: verloren zu sein. Intimität, Einheit waren nicht wieder einzufangen.

Ich fühlte mich distanziert, sogar von meiner Wohnung. Trotz ihrer Helligkeit, Weißheit, Geräumigkeit wußte ich nicht mehr, daß ich dort war: Ich schien so isoliert, so verschlossen zu sein wie eh und je. Ich hätte dort schon mein ganzes Leben lang oder auch überhaupt nicht leben können.

Susan und ich begannen zögernd, uns Briefe zu schreiben: aber was waren Briefe nach acht Jahren hingebungsvollen gemeinsamen Alltags? Nun war ich auf dieselbe schreckliche, ausweglose Weise an den Doktor gebunden; aber es war nicht ganz dasselbe, er war nicht da, war nicht nahe genug. »Sie rufen mich an, und es gibt nichts zu sagen. Ich sage es, und Sie sagen es. Aber ich werde Sie ja wiedersehen und dabei die Abfolge von Anzügen und Krawatten von einem Tag zum anderen. Nun ist es dunkel, und ich bin in einem Raum, durch dessen Fenster orangefarbenes Licht dringt: Ich hätte Ihnen das am Telefon sagen können mit einer Stimme, die ins Flüstern übergeht, weil sie keine Worte formen kann für ihre Distanziertheit, ihr Entkörperung. Sie sollen ihre Verkörperung sein.«

Wieder versuchte ich es mit Schreiben als einer körperlichen Lokalisierung in Raum und Zeit, um eine Vereinbarung, ein Abkommen mit mir selbst zu schließen, um ins Gleichgewicht zu kommen. Laß die Schale los, finde den Kern, einen ungestörten Ort im Innern des Körpers. Aber ich konnte graben und graben und fand am Ende nichts:

»Ich bin an nichts gebunden, bin nicht vollständig, ich bin ein unfertiges Produkt, der Körper einer Frau, der niemals beendet sein wird. Ich bin nicht immer sicher, ob es hinter dem, was ich sage oder mir vorstelle, ein wirkliches Gefühl gibt oder ob es fabriziert ist, um ein inneres Bedürfnis nach Definition zu befriedigen: nach einer Geschichte und einem Symbol. Nach einer Erinnerung: Erinnerungen geben einem das Gefühl, gelebt zu haben, existiert zu haben; Erinnerungen, die sich vereinigen können mit dem, was eine Person zu sein scheint. Die Überreste und Anzeichen meiner Großeltern um mich herum erzwingen ein Gefühl von Vergangenheit. Auch die Tagebücher auf den Regalen, die Seiten, die auf den Tischen liegen. Ich durchsuche Seiten und Gegenstände, aber das, nach dem ich suche, ist unauffindbar – außer in Symbolen und Zeichen und den Bildern, die sie hervorrufen. Wenn ich hier endlos und unendlich lang bleiben könnte, dann könnte ich finden oder gefunden werden.«

# Epilog
## (Fayek Nakhla)

Graces psychotischer Kern und ihr innerer Zustand der Fragmentation war durchgebrochen und lag sichtbar und konkret zwischen uns, nachdem sie den Topf mit den Zeitungsschnipseln zerschmettert hatte. Es war ein hoffnungsvoller Moment für uns beide und gab uns das Gefühl, einen Ausgangspunkt auf dem Weg zur Heilung zu haben. Grace schrieb in ihr Tagebuch:

»Ich bohre nach: ›Was können Sie mit diesen Schnipseln anfangen?‹ ... Ich sehe ihn fragend an: Darf ich? Er nickt zustimmend, und ich werfe den Blumentopf auf den Boden. Ich hätte nie gedacht, daß ich etwas zerstören könnte, das ich selbst gemacht habe. Ich konnte unvorsichtig sein, aber niemals vorsätzlich, bewußt etwas zerstören. Das verleiht mir die Hoffnung, daß ich den leblosen, in sich abgeschlossenen Teil meines Selbst zerstören kann; gleichzeitig aber stellt sich die Angst ein, daß ich nicht fähig sein werde, mit Zerstören aufzuhören, wenn ich erst einmal angefangen habe.«

In diesen Worten lag ihr unterbewußter Ausdruck nicht nur der Angst vor der Disintegration oder vor einem Zusammenbruch, der niemals enden würde, sondern auch der Hoffnung, daß sie in mir finden könnte, was sie brauchte, um sich ganz zu fühlen. Ihre unterbewußte Hoffnung wurde ebenfalls durch das Gefühl der Lebendigkeit ausgelöst, entfacht durch ihre gewalttätige und bewußte körperliche Handlung. Diese »spontane Geste«, wie Winnicott es formuliert, war Graces »wahres Selbst in Aktion«. Am Anfang, sagt er, »ist das wahre Selbst kaum mehr als die Summe sensomotorischer Lebendigkeit«.[17]

Die therapeutische Reise, die wir zurückgelegt haben, war ein Hindurchkämpfen durch primitive Agonien von beängstigender Kraft: Disintegration, das Gefühl der Depersonalisation und

Graces Gefühl, daß ihr Schwerkraftzentrum außerhalb ihrer selbst lag, in der haltenden Fürsorge. Es war eine Reise durch »eine Verrücktheit, die gefürchtet wird« (Winnicott 1952). Der klinische Bericht im Anhang erläutert, wie Grace und ich die schwere Regression überlebten, mit ihren Pendelbewegungen zwischen Zuständen des Einsseins und der Trennung; die nicht integrierte Koexistenz von intensiven Gefühlen der Liebe und des Hasses und die Gefahr von Selbstmord und Mord, um eine beginnende Kristallisation ihrer Identität zu ermöglichen.

Diese Behandlung war sicherlich einzigartig und von meiner normalen klinischen Arbeit weit entfernt. Ich machte mich sehr überlegt auf diesen gemeinsamen Weg. Ich kannte die psychoanalytische Fachliteratur und war mir meines kontroversen Ansatzes bewußt, war vorgewarnt, aber keineswegs vorbereitet auf die volle Wucht der darin enthaltenen Komplexität und Gefährlichkeit.

Wie ich schon angedeutet habe, gelangte ich zu der Entscheidung, meinen Behandlungsansatz zu ändern, durch das Gefühl des Versagens, das ich auch bei einem meiner Kontrollfälle während meiner analytischen Ausbildung erfahren hatte. Meine Überzeugung, daß ich eine Behandlung gemäß Winnicotts Prinzipien versuchen mußte, wurde durch meine Lektüre seiner letzten bedeutenden Abhandlung (1969b) verstärkt. Dort wiederholte er seine Warnung vor dem Gefühl der Sinnlosigkeit, das entsteht, wenn man eine Therapie im falschen Selbst oder im Abwehrmechanismus durchführt. Er betonte die Notwendigkeit, den psychotischen Kern des Klienten anzugehen, welcher sein vitales Gefühl des Selbst stört. Winnicott bezieht sich hier nicht auf Klienten mit einer offenen Psychose im klinisch-psychiatrischen Sinn. Er schreibt:

»In solchen Fällen kann der Psychoanalytiker jahrelang mit dem Klienten, der als psychoneurotisch (im Gegensatz zu geisteskrank) gelten und als psychoneurotisch behandelt werden will, zusammenarbeiten. Die Analyse läuft gut, und alle sind zufrieden ... In Wirklichkeit weiß er aber, daß es zu keiner Veränderung des zugrundeliegenden (psychotischen) Zustandes gekommen ist und daß er und der Klient erfolgreich zusammengearbeitet haben, damit dieser Mißerfolg zustande kam.« (1971a)

Mein Interesse an dieser Behandlung hatte noch weitere Motive: Sie bot mir die Gelegenheit, neue Techniken zu erproben und mein Wissen und meine Erfahrung zu erweitern – und mich auf eine Reise der Selbstentdeckung zu begeben. Winnicott schreibt in einer Abhandlung, die er verfaßte, als er an einer wissenschaftlichen Analyse von Borderline-Patienten beteiligt war:

»Psychoanalytische Forschung ist immer in gewissem Maß ein Versuch des betreffenden Analytikers, die Arbeit an seiner eigenen Analyse weiter voranzutreiben, als dies mit seinem eigenen Analytiker möglich ist.« (1958a)

Analytiker mit einer klassischen Ausbildung sind, was ihre analytische Vorgehensweise anbelangt, nicht gerade als kühn oder innovativ bekannt. Oft bemerken sie jedoch die Diskrepanz zwischen dem, was tatsächlich praktiziert wird, und dem, was veröffentlicht wird, die aus der Zögerlichkeit resultiert, den Kolleginnen und Kollegen das wahre Wesen einer Arbeit offenzulegen. Während der Ausbildung zum Psychoanalytiker wird den Kandidaten durch entsprechend ausgewählte Kontrollfälle beigebracht, einem vorgeschriebenen analytischen Prozeß und einer vorgeschriebenen Technik zu folgen. In den darauffolgenden Jahren eigener klinischer Praxis zögern sie dann unter Umständen, auch nur ein wenig von diesem Muster abzuweichen – obwohl sie gerade in diesen Abweichungen die Freiheit finden könnten, von ihren Klienten zu lernen und ihre Individualität zu entwickeln.

Ein Jahr, nachdem ich mich bei der British Psycho-Analytical Society zum Psychoanalytiker qualifiziert hatte, zog ich nach New York (die Behandlung von Grace begann erst einige Jahre später). In New York, fern und isoliert von der British Psycho-Analytical Society, der ich angehört hatte, klammerte ich mich an meine Identität als Analytiker der britischen Schule und kompensierte die Distanz, indem ich die Arbeiten britischer Analytiker las (von denen eine ganze Reihe meine Lehrer gewesen waren, aber deren Arbeit nicht Teil meiner Ausbildung gewesen war). Meine Identität wurde noch dadurch bestärkt, daß ich über eine Reihe von Jahren Psychiater ausbildete. Gleichzeitig war mir bewußt, daß meine therapeutische Arbeit mit Grace nicht auf meiner bisherigen Identität als Analytiker fußte und daß die Tatsache, daß ich nicht einer psychoanalytischen Gesellschaft angehörte und von ihr beeinflußt war, mir größere Freiheit gab, meinen eigenen Weg zu verfolgen.

Searles (1966–67) spricht von der individuellen Identität, die sich auf der Basis einer symbiotischen Identität entwickelt – die Welt, mit der das Selbst eins ist. In seinen späteren Schriften (1979b) drückt er die Überzeugung aus, daß der Analytiker in der Arbeit mit psychotischen Borderline-Patienten weit über die traditionelle Identität eines Analytikers hinauswachsen muß. Der Analytiker, so glaubt Searles, muß sein Identitätsgefühl wie ein Wahrnehmungsorgan einsetzen und sich seine Analytikeridentität bewahren, um sich den intensiven und extrem beunruhigenden Gefühlen zu stellen, die seine tatsächliche Identität dominieren werden.

Little (1951) erklärt diesbezüglich, daß bei der Behandlung von psychotischen Patienten die Gegenübertragung des Therapeuten durch eine Identifikation mit dem Id des Patienten den Kontakt zum Patienten herstellen kann. Sie betont jedoch, daß die paranoide und phobische Reaktion des Analytikers auf die unvermeidlich intensiven Gefühle während der Analyse die größte Gefahr bei der Gegenübertragung darstellt, und fügt hinzu, daß die Ehrlichkeit des Analytikers und seine aufrichtige Anerkennung dieser intensiven Gefühle wesentlich zum analytischen Prozeß beitragen.

In ähnlicher Weise war ich meiner Intuition überlassen bei dem Versuch, meine Reaktionen auf Graces intensive Gefühle und ihre Verhaltensweisen, die mich oft ängstigten und verwirrten, zu verstehen und überhaupt erst zu erkennen. Ihr Mut und ihre Ausdauer waren jedoch von einer Einzigartigkeit, die mich und meinen Anteil an unserem Kampf stärkte und meinen Glauben daran, daß wir die richtige Richtung eingeschlagen hatten, aufrechterhielt. Dennoch war ich mir eines guten Ausgangs nie sicher. Ich spürte immer Unbehagen, Angst und die Unsicherheit, ob sie geheilt werden könne – und war mir der sehr realen Gefahr bewußt, daß sie sich selbst töten könnte.

Grace und ich kämpften beide – jeder auf seine ganz eigene Weise – mit unseren Identitäten. Für mich stand meine persönliche Identität ebenso wie meine Identität als Analytiker auf dem Spiel. Das Behandlungsumfeld – eine Gemeinschaftspraxis – stellte eine zusätzliche Belastung meiner Arbeit dar: Es stand zu befürchten, daß das Verhalten meiner Klientin die Arbeit meiner Kollegen stören oder beeinträchtigen würde und daß meine unorthodoxe Form der Behandlung auf Ablehnung stoßen könnte. Trotz der Schwierigkeiten und der Ängste, denen ich ausgesetzt war, zögerte ich, Kollegen zu konsultieren, aus Angst, daß sie den Kurs, den ich eingeschlagen hatte, nicht unterstützen würden. (Tatsächlich machte ich diese Erfahrung, als ich einen älteren Kollegen konsultierte, einige Jahre, nachdem Grace außer Gefahr war und sich ihre Therapie in ruhigen und normalen Bahnen vollzog. Er lehnte meinen Weg rundheraus ab, hatte das Gefühl, daß die extremen Parameter und die Gefahren, denen ich meine Patientin ausgesetzt hatte, nicht zu rechtfertigen gewesen seien. Er war auch nicht geneigt, meiner Arbeit wissenschaftlichen Wert zuzusprechen.) Ich mußte nie Angst haben, einen dieser Kunstfehlerprozesse, die die klinische Arbeit zunehmend belasten und behindern, angehängt zu bekommen; das stand bei Grace oder ihrer Familie nicht zur Debatte.

Ich hatte immer das Gefühl, daß Grace und ich auf derselben Seite standen. Ich hatte immer auch das Gefühl, daß ihre Familie hinter uns stand. Ihre Eltern und Geschwister nahmen nicht nur an unserem Kampf teil, sondern gingen auch mutig mit ihrem eigenen Schmerz und ihren eigenen Ängsten um. Aufgrund ihrer derart wertvollen Teilnahme und ihrer überaus ungewöhnlichen Hingabe haben Grace und ich ihnen dieses Buch gewidmet.

# Danksagung

Ich möchte der Belegschaft des Brookdale Hospital danken. Sie bot mir ihre Unterstützung, und auf dieser festen Grundlage konnte ich die Behandlung von Grace aufbauen. Ich wußte, daß ich über ein Sicherheitsnetz verfügte, auf das ich jederzeit zurückgreifen konnte, indem ich Grace in das Krankenhaus einweisen ließ. Als ich später an diesem Buch schrieb, wurde mir dankenswerterweise das Interesse und die Ermutigung mehrerer Kolleginnen und Kollegen in Brookdale zuteil, insbesondere der Mitglieder der Psychotherapeutischen Studiengruppe, die mein Manuskript durchgingen und hilfreiche Kommentare zu den jeweiligen Abschnitten abgaben.

Meine Frau Yvette schuf das fürsorgliche Umfeld, das ich während dieses langen Prozesses brauchte. Ich bewundere die Geduld, mit der sie unsere Wochenendehe ertrug, und das Vertrauen, das sie diesem Projekt von Anfang an entgegenbrachte. Ihr gelten meine Dankbarkeit und meine Liebe.

*Fayek Nakhla*

Wir schulden Joyce McDougall von der Psychoanalytischen Gesellschaft in Paris Dank. Sie schlug als erste vor, aus diesem therapeutischen Abenteuer ein Buch zu machen, und ihre Begeisterung half uns, das Projekt auch tatsächlich anzugehen. Wir zogen sie während ihrer regelmäßigen Besuche in New York zu Rate, und ihre aufmerksamen Vorschläge sowie ihre bohrenden Fragen verliehen diesem Buch Gestalt.

*Fayek Nakhla* und *Grace Jackson*

# Anhang

# Klinischer Anhang
## *(Fayek Nakhla)*

In den ersten achtzehn Monaten von Graces Behandlung – damals sah ich sie einmal die Woche – war ich verblüfft und zutiefst frustriert von ihrer totalen Nichtbeteiligung an meinem analytisch orientierten Ansatz.

Grace gehörte zu der Kategorie von psychisch Kranken, die sich zwar in immer größerer Zahl hilfesuchend an die Psychoanalyse wenden, jedoch nicht in der Lage sind, auf unsere üblichen Techniken zu reagieren. Allzuoft fallen solche Klienten unter die Kategorie »nicht analysierbar« und werden an eine sekundäre Form der Behandlung verwiesen. Winnicott wies in seiner Abhandlung ›Metapsychologische und klinische Aspekte der Regression im Rahmen der Psychoanalyse‹ aus dem Jahr 1954 darauf hin, daß die Ära, in der sich die Psychoanalyse auf ihre klassischen Techniken beschränken konnte, sich beständig ihrem Ende näherte. Er ging dieses Problem an, indem er Fälle danach gruppierte, was sie an methodischen Kenntnissen beim Analytiker erforderten.

Grace gehörte zu jenen Klientinnen, wie Winnicott es formulierte, »... bei deren Analyse man sich mit den Frühstadien der emotionalen Entwicklung befassen muß, also jenen, in denen die Persönlichkeit noch nicht als Einheit gefestigt ist und die als Kind den Status der Einheit in Raum und Zeit nicht erlangt haben. Die persönliche Struktur ist noch nicht verfestigt ... Manchmal muß bei diesen Klienten über lange Zeiträume hinweg die analytische Arbeit zurücktreten, da es allein auf den lenkenden Umgang ankommt« (1954b).

Eine Menge wurde seit damals über die erweiterte Bandbreite der psychoanalytischen Behandlung gesagt. Anna Freud (1972) trat dem offen entgegen und zeigte sich skeptisch angesichts einer solchen Erweiterung der psychoanalytischen Behandlung:

»Jede Verlegung der Analyse aus den Zeiten nach der Entwicklung des Ichs in seine Vorzeiten wirft neben praktischen und technischen Problemen auch theoretische Fragen auf, die zu Meinungsverschiedenheiten führen.

Was der kritischen Beobachtung zuerst auffällt, ist die Änderung in der Art des *psychischen Materials,* auf das die Analyse angewendet wird. An die Stelle der Widersprüche zwischen gegebenen psychischen Instanzen (Es, Ich, Überich) treten die Momente, die vom Zustand der Undifferenzierung zwischen Es und Ich erst zum allmählichen Aufbau einer Struktur der Persönlichkeit führen. Der Analytiker, der diese Richtung verfolgt, verläßt damit die innerpsychischen Konflikte, die bisher sein legitimes Arbeitsgebiet waren, und betritt das noch dunklere Gebiet der Wechselbeziehung zwischen konstitutionellen Gegebenheiten und den auf sie einwirkenden Umwelteinflüssen. Er stellt sich damit die Aufgabe, Entwicklungen zu beeinflussen oder rückgängig zu machen, auf denen die Grundlage der Persönlichkeit beruht ...

Die Wiederholung in der Übertragung und ihre Deutung erhalten dadurch gesteigerte Bedeutung als wirksamstes oder auch als einzig wirksames Mittel der analytischen Technik.

Nicht alle Analytiker stimmen zu, daß es technisch richtig ist, das Schwergewicht der Analyse zuungunsten von Erinnern, freier Assoziation und Traumdeutung auf das Agieren in der Übertragung zu verlegen. Viele bezweifeln, daß die Übertragung wirklich die Macht hat, früheste Reaktionsweisen in ihrer ursprünglichen Form wiederzubeleben, das heißt den Klienten in einen Zustand zurückzuversetzen, in dem die psychischen Instanzen noch nicht voneinander differenziert sind und in dem seelisches und körperliches Erleben, Innenwelt und Außenwelt noch in eines zusammenfließen.«

Eben jene frühesten Störungen der psychischen Struktur interessierten Winnicott und waren zentral für Graces gestörtes Gefühl des Selbst.

An der klassischen Vorgehensweise orientierte Psychoanalytiker betrachten die Entwicklung von schweren regressiven Phänomenen während der analytischen Behandlung immer noch als nicht wünschenswert und gefährlich. Sie warnen davor, daß signifikante behandlungstechnische Abweichungen – um eine solche Regression zu fördern oder auf sie zu reagieren in dem Versuch, den Behandlungsprozeß voranzubringen – möglicherweise schädlich sind und den Analytiker dem Risiko aussetzen, sich so zu verhalten, daß es an Freuds »wilde Analyse« (1910) erinnert.

Anstatt diese wichtige und umstrittene Frage der behandlungstechnischen Abweichungen zu verfolgen, werde ich zu Graces Behandlung zurückkehren und Stellung nehmen zu der Herausforderung, die solche Klienten darstellen. Es galt, mit einer schweren Regression umzugehen, die bisweilen gefährlich und schwer in den Griff zu bekommen war. Am Ende erwiesen sich unsere Bemühungen aber als wirksam, weil sie psychische Veränderung und emotionales Wachstum mit sich brachten. Die klinischen und technischen Aspekte dieser regressiven Analyse verdeutlichen sehr gut die von Winnicott aufgestellten Prinzipien.[18]

Auf der Basis der klinischen Daten seiner Forschungsanalyse von schizoiden und Borderline-Patienten rekonstruierte er ein Modell der Mutter-Kind-Beziehung. (Diese Arbeit zog sich über ein Vierteljahrhundert hin, von 1945 bis 1971, und ist in einer Vielzahl seiner Publikationen enthalten.) Er entwickelte auch die Theorie vom »falschen Selbst«, das aus frühzeitigen Reaktionen auf frühes Umweltversagen entsteht. Dieses falsche Selbst ist ein Defensivmechanismus, der mit der äußeren Welt umgeht und das wahre Selbst schützt und versteckt. Winnicott gelangte zu der Überzeugung, daß eine Regression im analytischen Umfeld dieses Versagen noch einmal hervorrufen kann und das Neu-Auftauchen des wahren Selbst ermöglicht.

Man könnte nun meinen, diese therapeutisch verursachte Regression wäre abhängig von der latenten Fähigkeit des Klienten zur Regression angesichts der Bedrohung durch das Chaos. Es ist aber nicht einfach eine Umkehrung des Fortschritts, vielmehr gibt es nun Hoffnung auf eine Umkehrung des ursprünglichen Versagens durch die aktive Adaption des Analytikers an die Bedürfnisse des Klienten in der analytischen Situation. Die Behandlung, eine »Selbst-Heilung«, wird dann zum »Heilungsprozeß«, der in dem abgesplitteten wahren Selbst seinen Ursprung nimmt und es dem Klienten gestatten kann, sich selbst und die Welt auf neue Weise zu sehen. Winnicott (1958a) drückte dies prägnant aus, als er sagte, daß der Klient »einen *Ort* erreicht, von dem aus er vorgehen kann«, einen Ort, an dem er mit seinem zugrundeliegenden Selbst in Berührung kommt, und »was dort geschieht, fühlt sich real an«.

Er betonte auch (1963d), daß solch eine Behandlung nicht gleichgesetzt werden sollte mit Alexanders (1948) Vorstellung von einer »korrektiven emotionalen Erfahrung«, in der der Analytiker eine bestimmte Rolle annimmt, um sich von den Eltern des Klienten zu unterscheiden.[19] Sondern: »Der operative Faktor lautet, daß der Patient jetzt den Analytiker für das Versagen haßt, das ursprünglich als Umweltfaktor kam, außerhalb der omnipotenten Kontrolle des Neugeborenen, das aber *jetzt* in der Übertragung inszeniert wird.

Daher sind wir am Ende erfolgreich, wenn wir versagen – auf die Art des Patienten versagen. Das ist ein langer Weg von der einfachen Theorie einer Heilung durch korrektive Erfahrung. Auf diese Weise kann die Regression im Dienste des Ego stehen, wenn sie vom Analytiker getroffen und in eine neue Abhängigkeit verwandelt wird, in der der Patient den schlechten äußeren Faktor in die Sphäre seiner omnipotenten Kontrolle bringt.«

Als Grace ihre Abwehrmechanismen losließ, erlitt sie einen Zusammenbruch, und wir kämpften beide, um durchzuhalten und unseren Weg durch endlos intensive Angst, Zorn, Zerstörungswut und Verwirrung zu finden. Ich mußte ständig an die Härten denken, die Winnicott (1954b) in seiner Analyse eines schwer regredierten Klienten beschreibt, und das stärkte meinen Mut und meine Entschlossenheit. Seine Aussagen waren jedoch allgemein gehalten:

»In der Behandlung dieses Falles mußte ich alles einsetzen, was ich als Mensch, als Psychoanalytiker und als Kinderarzt besitze. Im Verlauf dieser Behandlung mußte ich eine schmerzliche persönliche Entwicklung durchmachen, die ich gern vermieden hätte« (1954b).

Obwohl also seine Ideen und Konzepte für meine klinische Arbeit mit Grace von großem Wert waren, boten mir seine Schriften – mangels spezifischer Berichte über sein Verhalten bei der Handhabung der Verletzlichkeiten und Bedürfnisse seiner Klienten – wenig Hilfe, um während der zahlreichen schwierigen und verwirrenden Phasen, die wir durchmachten, meine Orientierung zu behalten.

Böse Vorahnungen, daß die ganze Behandlung mangelhaft durchdacht sein könnte, und Zweifel an meinen behandlungstechnischen Fähigkeiten wurden durch meine Kenntnis von Balints Arbeit zur therapeutischen Regression und seine Warnungen vor den Gefahren dessen erhöht, was er »bösartiges Regressionssyndrom« nennt. Tatsächlich entwickelte das klinische Bild von Graces Behandlung schnell alle Anzeichen von Balints Konzept (1968).

Balint, ein Pionier in der Behandlung von schwer regressierten Klienten, glaubte ebenso wie Winnicott, daß sich ein Klient das analytische Umfeld zunutze machen kann, um neue Lösungen für die Auswirkungen eines früh erlebten Umweltversagens zu finden.[20] Das Ziel in der Regression ist die *Anerkennung*, und der Klient versucht, sich in dem »selbst zu erreichen und zu finden«, was Balint einen neuen Anfang nannte. Er stellte diesem gutartigen Typ der Regression den bösartigen Typus entgegen, bei dem es der Klient auf eine *Triebbefriedigung* durch äußere Aktionen abgesehen hat. Balint warnte davor, daß unter diesen Umständen die analytische Atmosphäre mit intensiven Wünschen und destruktiver Verzweiflung aufgeladen wird und für gewöhnlich zu einem nicht mehr handhabbaren und enttäuschenden Ende eskaliert.[21]

Winnicotts Ansicht über das Wesen der therapeutischen Regression spiegelt sich am besten in seiner Unterscheidung zwischen der Regression zu primitiven instinktiven Wünschen und Fantasien einerseits und seiner Vorstellung von Bedürfnissen andererseits wider. Er formulierte es kurz und bündig so:

»Es ist angebracht, von den *Wünschen* des Patienten zu sprechen, zum Beispiel dem Wunsch, still zu sein. Beim regredierten Patienten ist das Wort ›Wunsch‹ unrichtig; statt dessen benützen wir das Wort *Bedürfnis*. Wenn ein regredierter Patient Ruhe *braucht*, dann läßt sich ohne diese Ruhe überhaupt nichts ausrichten. Wenn das Bedürfnis nicht befriedigt wird, ist nicht Wut das Ergebnis, sondern eine Reproduktion der Situation des Umweltversagens, aufgrund derer die Prozesse der Selbst-Entwicklung ins Stocken geraten sind. Die Fähigkeit des Individuums, zu ›wünschen‹, ist gestört, und wir werden Zeugen, wie der ursprüngliche Anlaß eines Gefühls von Vergeblichkeit wieder auftaucht« (1954b).

Winnicott (1963a, 1963b) unterschied auf ähnliche Weise zwischen der instinktiv gesuchten und fantasierten »Objekt-Mutter« und der »Umweltmutter«, die das Baby hält und umsorgt und sich seinen Bedürfnissen anpaßt.

Graces Zusammenbruch während ihrer Behandlung ereignete sich in dem Moment, als sie ihr »falsches fürsorgendes Selbst« in der Hoffnung aufgab, daß ich sie halten und ihre Bedürfnisse erfüllen würde, um lebendig und real daraus aufzutauchen. Ihre Regression führte sie nicht nur in ihre Kleinkindphase zurück, sondern zu dem frühesten Umweltversagen, bei dem sie einen Bruch in ihrer »Kontinuität des Seins« erfuhr. In ihren frühesten Erinnerungen war Annihilierung vorgekommen, und ihre psychotischen Ängste betrafen ihr Gefühl von Existenz und Identität. Little (1966) erklärt, diese Bereiche psychotischer Ängste zu analysieren bedeute, zu einem noch nicht personalisierten Zustand zurückzukehren, und das bedeute, die Erfahrung von Annihilierung und Tod zu durchleben und wieder daraus hervorzukommen, aber anders.

Littles Vorstellungen, wie sie sie in ihren Abhandlungen ›On

Delusional Transference‹ (1958) und ›On Basic Unity‹ (1960) zum Ausdruck bringt, erwiesen sich für mich von großem Wert bei dem Versuch, Graces psychotische Zustände und Übertragungen zu verstehen und damit umzugehen. – Little hat auch einen Bericht über ihre eigene Analyse bei Winnicott geschrieben, dem auch zu entnehmen ist, wie mit ihren psychotischen Ängsten während einer Regression verfahren wurde (1985, 1990). – Little meint, daß Klienten wie Grace zu einem Zustand hundertprozentiger Abhängigkeit regredieren müssen. Die Übertragung ist wahnhaft; der Klient schreibt dem Analytiker magische Kräfte zu, vergöttert und verteufelt ihn gleichermaßen. Der Klient befindet sich unbewußt in einem Zustand, den Little »grundlegende Einheit« nennt: ein Zustand der Undifferenziertheit und der absoluten Identität mit dem Analytiker. Little weist darauf hin, daß diese psychotische Übertragung und unbewußte Wahnvorstellung natürlich nur einen Teil der Psyche des Klienten ausmachen, sonst wäre der Klient völlig verrückt. In anderen Bereichen ist sich der Klient dieser Trennung und der Realität des Analytikers durchaus bewußt.

Little betont die Bedeutung von Körpergeschehnissen in jenen Bereichen, in denen die Wahnvorstellung von der grundlegenden Einheit greift, denn:

»Der Patient reagiert in jeder Hinsicht buchstäblich wie ein Kleinkind, und sein Ich ist ein Körperich. Hier haben für ihn nur konkrete, tatsächliche und körperliche Dinge Bedeutung und Überzeugungskraft.

Die Entladung und die sich daraus ergebende Differenzierung erfolgt durch ein Körpergeschehen – eine Bewegung, einen Schrei, Speichelfluß und so weiter –, durch das es zu gewissen Körperkontakten mit dem Analytiker kommt. Durch Wiederholungen solcher Vorgänge erkennt der Patient allmählich den Unterschied zwischen seinem Körper, seinen Sinneswahrnehmungen und seinen Emotionen und denen des Analytikers, die als von den seinen gesondert entdeckt werden. Das Geschehen ging zwei Leute an, und der Patient entdeckt sich selbst als eine

Person, die im Hinblick auf jemand anderen geschrien, sich bewegt und so weiter hat, im Hinblick auf jemanden, dessen separate Existenz, separate Erfahrung, dessen separate Bewegungen und Reaktionen ebenfalls erkannt werden können. Der Wahn zerbricht, die Genesung beginnt, und die Beziehung wird Möglichkeit.

Das Körpergeschehen kann zur Deutung werden. Danach wird die Verbalisierung zur zweiten Stufe in einem Zwei-Stufen-Prozeß, bei dem beide Stadien für die reale Einsicht unerläßlich sind; doch kommt die zweite Stufe nur durch die erste, also durch das Körpergeschehen, zur Wirkung« (1960).

Weinshels und Searles Ansichten von Littles Arbeit sind hilfreich, weil sie zu einer kritischen Beurteilung ihrer komplexen klinischen und behandlungstechnischen Konzepte gelangen. Weinshel (1985) sagt in seiner Rezension von Littles Buch ›Transference Neurosis and Transference Psychosis‹ (1981), daß die Kapitel ›On Basic Unity‹ und ›On delusional Transference‹ zwar zu ihren wichtigsten Beiträgen zählen, für ihn jedoch problematisch seien:

»Ich glaube, daß meine relative Unzufriedenheit von der im wesentlichen unvermeidbaren Distanz zwischen den beobachtbaren klinischen Daten und den vorgeschlagenen Formulierungen zur Erklärung dieser Daten herrührt. Ich sage ›im wesentlichen unvermeidbar‹ insofern, als Dr. Little es mit extrem archaischen Materialien, Pathologien und ›Strukturen‹ (in Wirklichkeit dem Mangel an Strukturen) zu tun hat. Sie beschreibt Patienten, die nicht nur eine symbiotische Beziehung zu ihrem Analytiker eingehen wollen, ›sondern vielmehr eine völlige Identität mit dem Analytiker und eine Undifferenziertheit mit ihm‹ ... Ich gebe zu, daß ich für die von der Autorin vorgebrachten Ideen noch kein befriedigendes Verständnis erzielen konnte.«

Er führt seine Schwierigkeiten mit diesen theoretischen Komplexitäten weiter aus:

»Diese Fragen und Dilemmata sind natürlich nicht auf die Arbeit von Margaret Little begrenzt. Sie entstehen fast unvermeidbar immer dann, wenn Psychoanalytiker über stark gestörte Patienten und eine archaische psychische Struktur und Organisation schreiben und sprechen. Bisweilen hat es den Anschein, daß jeder Kollege, der seine Arbeit mit solchen Personen beschreibt, sein eigenes Vokabular hat, seine eigene Konzeption der Psychopathologie und seine eigene ›Landkarte‹ der primitiven Psyche.«

Little und Searles gehören jedoch zu den Analytikern, die ähnliche Ideen in ihren Konzepten von »Übertragung durch Wahnvorstellungen« und »Übertragungspsychose« formulieren, und beide haben den Wert der Ideen des jeweils anderen bei der Entwicklung der eigenen Arbeit mit psychotischen Klienten erkannt.

Searles (1963) schreibt in seiner Reaktion auf Littles Besprechung seiner Abhandlung ›Violence in Schizophrenia‹:

»Ich kenne außer Little keinen anderen, der so voll akzeptiert, wie ich das tue, daß für eine erfolgreiche Therapie (des psychotischen Patienten) eine Phase der ›therapeutischen Symbiose‹, wie ich es nenne (oder in Littles Worten der ›Undifferenziertheit‹), essentiell ist. Die Lektüre ihrer Erläuterungen ist wunderbar bestärkend für mich: ›Ich stimme mit Searles ganz und gar darin überein, daß die Reaktionen, die in der Therapie herbeigeführt werden, von größter Wichtigkeit sind. Die Fähigkeit, es den eigenen Ego-Grenzen zu erlauben, sich vorübergehend aufzulösen – ganz mit dem Patienten zu verschmelzen und zuzulassen, daß die Wirklichkeit und der Wahn beziehungsweise die halluzinatorische Erfahrung untrennbar werden –, ist der einzige Weg, auf dem sich wirklicher Kontakt, Verständnis und die Fähigkeit, eine Erfahrung zu teilen, entwickeln können.‹«

Searles erklärt weiter, daß er auch mit ihrem nächsten Kommentar voll übereinstimmt: »Aber gleichermaßen wichtig sind die Möglichkeiten, wie Grenzen neu erschaffen werden können, sowie die Geschwindigkeit und der Fortschritt der Resynthese, sobald diese angemessen sind.« Searles erkennt an, daß Littles Schriften für ihn in diesem letzten Punkt äußerst hilfreich waren.

Little (1967) erklärt in ihrer Rezension von Searles Buch über seine Schizophrenieforschung (1965), daß sie schon seit langem seine Arbeit bewundere und daß nichts, was er beschreibt, außerhalb ihrer eigenen Erfahrung liege. Sie betont jedoch, daß ein wichtiger Unterschied zu ihr in seinem Gebrauch von »Symbiose« und »Zustand der Undifferenziertheit« als synonymen Begriffen bestehe. Sie schreibt:

»Für mich implizieren sie verschiedene Dinge: ›Symbiose‹ impliziert, daß zumindest ein Zustand der Teilung oder Differenziertheit aufgetreten ist, wohingegen ›der undifferenzierte Zustand‹ (den ich an anderer Stelle ›grundlegende Einheit‹ nenne) eine *Homogenität* impliziert; eine radikale Veränderung tritt auf, wenn die *faktische*, objektive *Irrealität* der Homogenität und die objektive *Realität* des Paradoxons erkannt werden. Diese Veränderung und Desillusionierung, der ›Augenblick der Wahrheit‹, wird sowohl von Patient als auch Therapeut gefürchtet, da er mit Tod oder Annihilierung gleichgesetzt wird – dem ›Nicht-Sein‹ –, und sowohl zu dieser Veränderung als auch von ihr weg strebt jeder Schizophrene und Borderline-Patient auf ambivalente Weise in Kämpfen auf Leben und Tod – erst mit und dann gegen seinen Therapeuten.«

Einer der kritischen Punkte bei der Abweichung von der normalen analytischen Methode ist die komplexe Frage des körperlichen Kontaktes zum Klienten während der Phasen schwerer Regression. Weinshels (1985) Kommentare dazu in seiner Besprechung von Littles Arbeit sind hilfreich. Er führt uns nicht so sehr seine Skepsis oder seine Befürchtungen angesichts der Gefahren solcher Interventionen vor, sondern vielmehr die Wichtigkeit einer Einschätzung und näheren Untersuchung der Wirksamkeit solcher Interventionen. Er schreibt:

»Ich habe es vermieden, deutlich Position zu beziehen, ob und wo Dr. Little Psychoanalyse oder Psychotherapie betreibt. Teilweise schienen Dr. Little diese Unterschiede gar nicht zu kümmern; es geht ihr mehr darum, den Patienten so gut sie kann zu helfen, ohne Rücksicht darauf, wofür andere ›das‹, was sie da tut, halten könnten. Für mich ist es schwierig, ihr in diesem Punkt Vorwürfe zu machen. Teilweise spiegelt meine diesbezügliche Abneigung ein Zögern wider, zu beurteilen, ob ein *anderer* Analytiker Psychoanalyse betreibt oder nicht, insbesondere wenn die Feststellung auf sehr beschränkten Daten basiert, speziell im Hinblick auf ihre Länge.

Es ist mir durchaus bewußt, daß eine solche Haltung nach Schüchternheit riecht, wenn nicht gar nach Feigheit; und das kommt insbesondere zum Tragen hinsichtlich des Versuchs zu lehren als auch hinsichtlich des Versuchs zu begreifen, was ›wir‹ unter Psychoanalyse verstehen. Es mag zwar unmöglich sein, mit narrensicheren und absolut überzeugenden Kriterien aufzuwarten für das, was meiner oder ›unserer‹ Meinung nach unter Psychoanalyse fallen sollte, trotzdem ist es mehr als nur ein abstraktes akademisches Problem, darauf zu bestehen, daß wir uns als Berufsstand der nicht immer angenehmen Aufgabe widmen, diese Kriterien zu errichten, zu prüfen und zu klären.

Zumindest ich kann nur schwer akzeptieren, daß körperlicher Kontakt zu einem Patienten – außer unter den außergewöhnlichsten Umständen – Bestandteil des psychoanalytischen Vorgangs sein soll. Dennoch halte ich es nicht für angemessen, jene Fälle von körperlichem Kontakt, die sich in Littles Arbeit finden, anmaßend als unanalytisch abzutun, solange wir nicht viel umfassender als derzeit die psychoanalytische Bedeutung und die Auswirkungen solcher Interventionen verstehen.«

Rosenfeld (1969) weist in seiner Abhandlung ›On the Treatment of Psychotic States: An Historical Approach‹ auf eine Dichotomie in Theorie und Technik der Behandlung psychotischer Patienten hin. Eine Richtung, vertreten von Klein und ihren Anhängern, insbesondere Rosenfeld, Segal und Bion, verläßt sich ausschließlich auf verbale Übertragungsinterpretationen ohne die geringste Veränderung in der Einstellung des Analytikers oder die Einführung technischer Parameter. Eine zweite Gruppe von Analytikern hält Übertragungsinterpretationen für unwirksam und glaubt, daß eine Veränderung in der Einstellung des Analytikers notwendig ist und eine Verbindung mit dem Klienten hergestellt werden sollte, damit man die Auswirkungen eines Umweltversagens heilen und ein Wiedereinsetzen des psychischen Wachstums herbeiführen kann. In Winnicotts Worten: »Die Psychose ist eine Umweltmangelkrankheit« (1965).

Benedetti (1975) erinnert uns in seiner Abhandlung ›The Experience of the Body in Schizophrenia and Borderline Patients‹ an die zentrale Bedeutung des frühen Körperichs in der Evolution des Selbst und daran, daß die Beziehung des psychotischen Klienten zu seinem Körper gestört ist. Er berichtet von einer Klientin, die reiner Geist sein wollte, ohne Körper, und das auch zu sein glaubte. Als sie sich mit ihrem Therapeuten verband, begann sie zu fürchten (unterbewußt jedoch zu hoffen), daß ihre Beziehung zu ihrem Therapeuten immer »körperlicher« würde. Benedetti zeigt auf, wie die Klientin die Beziehung zu ihrem Therapeuten als Ersatz für die Beziehung zu ihrem eigenen Körper gebraucht.

Sechehaye (1956) beschreibt ausführlich die Bedeutung von »Kontakt und körperlicher Fürsorge«, Verfahren, die auf das Körperich stark regredierter Schizophrener gerichtet sind und durch die Kontakt hergestellt werden kann. Sie beschreibt eine Phase der »Vor-Übertragung« bei solchen Klienten (vergleichbar mit Searles »Außer-Kontakt«-Phase), in der Sechehayes Meinung nach der Analytiker allein die Initiative ergreifen muß, um eine Beziehung aufzubauen. Sie hält die sich anschließend entwickelnde »schizophrene Übertragung« nicht für eine richtige Übertragung, sondern für eine »aufgepfropfte Übertragung« (eine »emotionale Aufpfropfung«): Der Klient überträgt seine Wünsche, seine tiefen Bedürfnisse und seine Hoffnung, eine ideale Mutter zu finden, auf den Analytiker. Sechehaye stellt einen Bezug her zwischen dem Sich-nach-oben-Kämpfen der realen Person, versteckt hinter der Psychose, und Winnicotts Vorstellung vom wahren und falschen Selbst.

Searles (1963) glaubt, daß körperlicher Kontakt in der Therapie des schizophrenen Klienten hilfreich sein kann, betont aber auch, daß man, wenn man dem Klienten helfen will, als Subjekt lebendig zu werden, »keine Angst davor haben darf, als die Übertragungsrepräsentation der subjektiv unlebendigen Teile des Patientenselbst zu fungieren oder als die sehr früh wahrgenommenen Attribute der Mutter, bevor diese in der Wahrnehmung des Kindes als ganzes lebendiges menschliches Wesen aufgetaucht ist.« Er warnt auch vor den Ängsten, die den Therapeuten zwingen, »sich seiner eigenen lebendigen Menschlichkeit, seines eigenen Empfindungsvermögens immer wieder dadurch zu versichern, daß er die ›heilende‹ Wirkung des Körperkontakts mit dem Patienten sucht ... Es ist nur nach außen hin der zitternde und ängstliche Patient, dem durch die beruhigende Berührung des Therapeuten geholfen wird; insgeheim bestätigt der Patient darin dem Therapeuten dessen Fähigkeit zu leben und zu lieben.«

Casement (1982) veröffentlicht in seiner Abhandlung ›Some Pressures on the Analyst for Physical Contact During the Re-Living of an Early Trauma‹ einen ausführlichen Fallbericht und zeigt darin auf, wie die Weigerung des Analytikers, bei einer unerträglichen Angst des Patienten dessen Hand zu halten, zur Auflösung einer kurzen, fast psychotischen Übertragungsepisode beitrug. Fox (1984) bespricht Casements klinisches Material ausführlich in seiner Abhandlung ›The Principle of Abstinence Reconsidered‹. Er spricht sich dafür aus, bei der Behandlung das Konzept der Abstinenz anzuwenden – nicht als »Regel«, sondern als »Prinzip«, wobei zu unterscheiden ist, was der Analytiker entweder bereitstellen oder zurückhalten muß, um die Entwicklung einer analysierbaren Übertragung zu fördern.

In meiner Behandlung von Grace hatte ich das Gefühl, daß meine Funktion darin bestand, ein liebevolles und schützendes Umfeld zu bieten und zu erhalten, eine tiefe Verbindung mit ihr, die es ihr ermöglichen würde, ihre Bedürfnisse zu formulieren – in ihrem Kampf darum, sich real und lebendig zu fühlen, sich in Richtung auf Differenzierung zu bewegen und ein ganzer und eigenständiger Mensch zu werden. Als Reaktion auf ihre körperlichen und emotionalen Bedürfnisse war das haltende Umfeld, das ich ihr bot, aktiv und real, keine »symbolische Aktualisierung«, wie sie Modell (1984b; 1990) beschrieben hat. Zu meinen Reaktionen gehörten körperlicher Kontakt und Fürsorge, Beziehung durch Bewegung, Handlungen innerhalb und außerhalb der Praxis und das Tolerieren von lebensbedrohlichem Verhalten, obwohl das Grace großer Agonie und Gefahr aussetzte. Wie schon erwähnt, habe ich zur leichteren Bewältigung dieses gefährlichen Kurses Medikamente verschrieben – ein angstlösendes Medikament (Librium) und ein niedrig dosiertes Neuraleptikum (Navane) –, und ich fand eine ständige Quelle der Unterstützung in der Belegschaft des Brookdale Hospital, die meine Art der Behandlung akzeptierte und mich jederzeit unterstützte, indem Grace dort aufgenommen und ihr eine haltende Situation geboten wurde.

In einer späteren Phase spielten Graces Familie, ihre Eltern und ihre beiden Schwestern, eine bedeutende Rolle in unserem Kampf. Sie teilten die Verantwortung, ein liebevolles und fürsorgendes Umfeld zu bieten. Federn (1952) betont nicht nur die Bedeutung, eine positive Übertragung in der analytischen Behandlung des psychotischen Klienten zu errichten und zu erhalten, sondern auch die Tatsache, daß keine Psychoanalyse eines Psychoten ohne die liebevolle Fürsorge und Hilfe eines Familienangehörigen oder Freundes durchgeführt werden kann. Tatsächlich trug die zutiefst regressive Beziehung, die Grace zu ihrer Mutter aufbaute, wiederum dazu bei, das ursprüngliche Versagen zu tolerieren und eine neue Beziehung herzustellen. Dies erinnert an Mahlers Modell der Behandlung eines psychotischen Kindes, bei der versucht wurde, die Mutter an der Bereitstellung einer »korrigierenden symbiotischen Erfahrung« zu beteiligen (1968).

Die Teilnahme der Familie bei der Fürsorge für Grace und an den Familientherapiesitzungen brachte auch Veränderungen in den familiären Interaktionen und Beziehungen mit sich, insbesondere in Bereichen schlechter »Ebenen der Differenzierung« und defensiven »emotionalen Abgeschnittenseins« (Bowen 1978).

Es gibt umfangreiche Literatur zum Interaktionalen der analytischen Beziehung als einer »Zwei-Personen-Psychologie«, bei der Analytiker und Klient einander beeinflussen. Searles hat mehr als jeder andere über die therapeutischen Auswirkungen auf den Analytiker geschrieben und darüber hinaus die Hypothese aufgestellt, daß das »therapeutische Streben« des Klienten in Richtung Analytiker ein wichtiges Element der Behandlungssituation ist. In seiner langen und inhaltsreichen Arbeit ›The Patient as Therapist to His Analyst‹ (1975) legt er besonderes Augenmerk auf »die therapeutische Anstrengung des psychotischen Patienten, die Mutter zu befähigen (und im analytischen Kontext analog dazu den Analytiker), zu einer ganzen und effizienten Mutter (= Analytiker) für ihn zu werden«.

Auf dem Höhepunkt ihres zerstörerischen Verhaltens und ihrer Wahnübertragung bemerkte ich zu Grace: »Ich weiß nicht, warum ich Sie noch weiterhin sehe. Die Erfahrung muß mir etwas bedeuten, obwohl ich nicht sagen kann, was. Wir stecken da zusammen drin.« Ich kann jetzt diese Bemerkung nicht nur als Ausdruck meines »*objektiven* Gegenübertragungshasses« (Winnicott 1947) verstehen, sondern auch als Anerkennung der therapeutischen Bestrebungen in einer *beidseitigen* Erfahrung. Ich kann jetzt auch dankbar Graces Hilfe anerkennen, die mich ganz und reicher werden ließ, indem ich mehr in Berührung bin mit meinem primitiven Selbst. Wie Winnicott (1945) sagte: »Wir sind wirklich arm dran, wenn wir nur geistig gesund sind.«

# Anmerkungen

1 Grace Jackson ist ein Pseudonym.
2 Klaubers (1987) Vorstellungen von dem Phänomen, das er »Illusion« nennt (insbesondere in seinen Abhandlungen ›The Role of Illusion in Psychoanalytic Cure‹ und ›Truth and Illusion in the Patient's Symptoms‹) erhellen viele Facetten dieser analytischen Begegnung, insbesondere Graces emotionalen Mut, über die Realität hinauszuleben.
3 Winnicott (1947) erklärt, daß ein Klient in einer tiefen Regression seinen eigenen Haß ebensowenig richtig einschätzen beziehungsweise sich mit dem Analytiker identifizieren kann, wie ein Neugeborenes Mitgefühl mit seiner Mutter haben kann. Das, so stellt sich heraus, bedeutet eine zusätzliche Belastung, die der Analytiker tolerieren muß.
4 Die Punkte im Tagebuch stellen keine Auslassungen dar.
5 Littles Begriff »grundlegende Einheit« ist ein zutreffenderer Ausdruck als die häufiger gebrauchten Begriffe »Symbiose« (Mahler 1963, 1968) oder »therapeutische Symbiose« (Searles 1965, 1979a). Ich erläutere Littles Ansichten über diese Unterschiede in dem klinischen Anhang dieses Buches. »Symbiose«, eine Metapher, die aus der Biologie stammt, ist irreführend und weist auf eine gegenseitige Bindung und auf eine Notwendigkeit für beide Partner hin. Winnicott (1971a) und R. Gaddini (1987) hielten diesen Begriff für nicht akzeptabel; Modell (1968) zieht es vor, eine derartige Beziehung als »transitionale Objektbezeichnung« zu beschreiben. Eng verbunden mit dem Konzept der »grundlegenden Einheit« ist Milners Auffassung einer »undifferenzierten Bindung« (1987) und Eigens Begriff »duale Bindung« (1983).
6 Winnicott verwendete den Begriff »subjektives Objekt« als Bezeichnung für das »erste Objekt, *das noch nicht als ›Nicht-ich‹-Phänomen abgelehnt wird*« (1971a). Gemeint ist das Objekt der Mutter-Kind-Einheit, das vom Selbst nicht unterschieden wird und in der Erfahrungswelt des Kleinkindes als Allgewalt wahrgenommen wird. Er setzte dem später die »Objektivierung des Objekts« gegenüber.
7 Siehe auch Winnicotts Halten und Behandeln (1960a) und die Spiegelfunktion der Mutter (1971d); Mahler und McDevitt (1982) über die Bedeutung von Wahrnehmungen des Versorger/Libido-Objekts; Adlers (1985) Vorstellung von »haltenden Introjekten« und Tolpins (1971) Konzept der »transmutierenden Internalisationen«.
8 Ähnlichkeiten können in dem Verschmieren von Fäkalien gesehen werden, wie man das bei einigen schwer regressiven Patienten erlebt hat (siehe beispielsweise Barnes und Berke, 1971).
9 Searles (1979a) bespricht diese Abhandlung, da es darin unter anderem um die gefühlsmäßige Teilnahme des Analytikers in einer solchen therapeutischen Symbiose geht.
10 Laut Mahler und ihren Mitarbeitern (1975) verläuft der intrapsychische Trennungsprozeß in der Entwicklung des Neugeborenen und Kleinkindes über Differenzierung, Fremdenreaktion, Strukturbildung und Loslösung von der Mutter.
11 Modell spricht in ›On Having the Right to a Life‹ (1984b) und in ›Self-Psychology as a Psychology of Conflict‹ (1984c) über die Gefühle von Schuld und Dis-

loyalität im Prozeß der Individuation und im Loslösen des eigenen Lebens und Schicksals von dem anderer Familienmitglieder. Auch Searles beschreibt in ›Phases of a Patient-Therapist Interaction in the Psychotherapy of Chronic Schizophrenia‹ (1961) mehrere Punkte in der Phase der Auflösung der Symbiose, die für diesen Bericht relevant sind. So soll man beispielsweise – trotz drohendem Selbstmord, psychotischer Dekompensation, Schuldgefühlen des Patienten darüber, eine eigenständige Person zu sein, trotz Reaktionen auf den Verlust der symbiotischen Gratifikation an Familienmitglieder und des drohenden Abbruchs der Behandlung – zulassen, daß der Patient die Verantwortung für seine Krankheit und sein Leben übernimmt.

12 Die Rolle von Aggression und Zerstörungswut in der emotionalen Entwicklung sprechen mehrere Autoren an, so Winnicott (1950, 1963a, 1969b), Mahler (1971) und Searles (1966–67).

13 Zur Rolle des Vaters im Separations-Individuations-Prozeß siehe auch Abelin (1971) und Mahlers (1971) »Eindrücke« hinsichtlich der Rolle des prä-ödipalen Vaters als Beschützer vor der möglicherweise überwältigenden »Mutter der Trennung«.

14 Laing (1960) spricht ausführlich über die Vorstellung der Versteinerung des Selbst oder anderer in Verbindung mit der überwältigenden Bedrohung des eigenen Gefühls von Realität und Identität. Wright (1991) bezieht sich auf Medusa in seinem Kapitel ›The Other's View‹, in dem er über die negativen subjektiven Gefühle spricht, die aus der Erfahrung herrühren, angesehen zu werden. Arvanitakis (1987) entwickelt anhand des Mythos von Perseus und Medusa sein Modell der Bedeutung des analytischen Rahmens in der Behandlung archaischer Ängste, die zu tolerierbaren Bildern transformiert werden können. Es war der dazwischengehaltene, reflektierende Schild-Spiegel, der Perseus befähigte, mit diesem furchteinflößenden Monster umzugehen.

15 Diese väterliche *Funktion* weist Ähnlichkeiten auf mit Winnicotts (1951) Vorstellung der mütterlichen Aufgabe, dem Kind schrittweise »Desillusionierung und schrittweises Versagen« zu vermitteln.

16 Little (1985, 1990) beschreibt in dem Bericht ihrer Analyse mit Winnicott, wie sie eine Geburtserfahrung durchlebt. Winnicott versichert in seiner Abhandlung ›Birth Memories, Birth Trauma, and Anxiety‹ (1949b), daß traumatische Geburtserfahrungen in der analytischen Situation buchstäblich neu erlebt werden können.

17 Zur Diskussion von Winnicotts Konzept des Wahren Selbst, das hier nicht in aller Ausführlichkeit erläutert werden kann, siehe auch »A Theory for the True Self‹ (Bollas, 1989b), ›The Birth and Recognition of the ›Self‹« (Pontalis, 1981a) und ›The Hopeful Return to the Past‹ (Lomas, 1973b).

18 Unter dem Einfluß von Winnicotts Arbeit haben Little (1981), Khan (1974), Milner (1969, 1987), Green (1975, 1986), Stewart (1989, 1992), Bollas (1987, 1989a) und Ogden (1986, 1989) unser Verständnis der therapeutischen Regression vielfach erweitert. R. Gaddini (1990) führt Winnicotts Vorstellungen von therapeutischer Regression aus und stellt seine Aussagen darüber in seinen Briefen zusammen (Rodman 1987).

19 Meine Behandlung war natürlich eine »korrektive emotionale Erfahrung«, aber nicht im Sinne von Alexanders Konzept, das in den Schriften zahlreicher Analytiker zu Recht kritisiert oder verworfen wird. Eine überzeugende Darstellung des Wesens der heilsamen Erfahrungen, die im Kontext der Behandlungsbeziehung gefunden werden können, findet sich in Casements ›The Meeting of Needs in Psychoanalysis‹ (1991a) und Lomas' ›A Second Attempt at Parenting‹ (1990a).

20 Balint und Winnicott gelten als diejenigen, die in die Fußstapfen von Ferenczi traten, der diesen Weg als erster einschlug. Seine aktive Behandlungstechnik, sein therapeutischer Optimismus und seine Abweichung von der zeitgenössischen klassischen Behandlung führten Anfang der dreißiger Jahre zu tragischen Mißverständnissen mit Freud. (Siehe auch Stanton, 1991, Dupont, 1932, Hoffer, 1991; vergleiche auch Balint, 1968, über seine Ansichten zu den traumatischen Aus- und Nachwirkungen dieser Streitfrage auf die psychoanalytische Gemeinschaft.)

21 Weitere Ausführungen zu den technischen Problemen von bösartigen Regressionen, wie Balint sie entworfen hat, finden sich in Stewart (1989) und Bacal (1981), die zwei verschiedene Sichtweisen darstellen.

# Literaturverzeichnis

Abelin, E.: The role of the father in the separation-individuation process. In: J. B. McDevitt und C. F. Settlage (Hrsg.): *Separation-Individuation: Essays in honor of Margaret Mahler.* International Universities Press, New York 1971.

Adler, G.: *Borderline psychopathology and its treatment.* Aronson, Northvale 1985.

Alexander, F.: *Fundamentals of psychoanalysis.* Norton, New York 1948.

Anthony, E. und Benedek, T. (Hrsg.): *Parenthood. Its psychology and psychopathology.* Little, Brown and Co., Boston 1969.

Arvanitakis, K.: The analytic frame in the treatment of schizophrenia and its relation to depression. *Int. J. Psa.* 68: 525-33 (1987).

Bacal, H.: Notes on some therapeutic challenges in the analysis of severely regressed patients. *Psa. Inq.* 1: 29-56 (1981).

Balint, M.: *The basic fault.* Tavistock, London 1968.

Barnes, M. und Berke, J.: *Mary Barnes. Two accounts of a journey through madness.* Harcourt Brace, Jovanovich, New York 1971.

Benedetti, G.: The experience of the body in schizophrenia and borderline patients (1975). In: 1987.

Benedetti, G.: *The psychotherapy of schizophrenia.* NYU Press, New York 1987.

Bergmann, M.: On the fate of the intrapsychic image of the psychoanalyst after termination of the analysis. In: *Psychoanalytic Study of the Child.* Band 43. Yale University Press, New Haven 1988.

Bollas, C.: *The shadow of the object.* Columbia University Press, New York 1987.

Bollas, C.: *Forces of destiny. Psychoanalysis and the human idiom.* Free Association, London 1989a.

Bollas, C.: A theory for the true self. (1989b). In: 1989a.

Bowen, M.: *Family therapy in clinical practice.* Aronson, New York 1978.

Boyer, L. B. und Giovacchini, P. (Hrsg.): *Master clinicians.* Aronson, Northvale 1990.

Braudy, S.: A day in the life of Joan Didion. Manuskript, Februar 1977.

Casement, P. J.: Some pressures on the analyst for physical contact during the re-living of an early trauma. *Int. rev. Psa.* 9: 279-86 (1982).

Casement, P. J.: *Learning from the patient.* Guilford, New York 1991a.

Casement, P. J.: The meeting of needs in psychoanalysis. In: 1991a.

Chasseguet-Smirgel, J.: *Sexuality and mind.* NYU Press, New York 1986.

Chasseguet-Smirgel, J.: Some thoughts on the psychoanalytic situation. *J. Amer. Psa. Assoc.* 40: 3-25 (1992).

Deutsch, H.: Some forms of emotional disturbance and their relationship to schizophrenia (1942). In: 1965.

Deutsch, H.: *Neurosis and character types.* International Universities Press, New York 1965.

Didion, J.: *Slouching towards Bethlehem.* Dell, New York 1969.

Dupont, J. (Hrsg.): *The clinical diary of Sandor Ferenczi.* Harvard University Press, Cambridge 1932.

Eigen, M.: Dual union or undifferentiation? A critique of Marion Milner's sense of psychic creativeness. *Int. Rev. Psa.* 10: 415-28 (1983).

Federn, P.: *Ichpsychologie und die Psychosen.* Übersetzt von Walter Federn und Ernst Federn. Huber Verlag, Stuttgart und Bern 1956.

Fox, R.: The principle of abstinence reconsidered. *Int. Rev. Psa.* 11: 227-36 (1984).

Freud, A.: *Schwierigkeiten der Psychoanalyse in Vergangenheit und Gegenwart.* Übersetzt von der Autorin. S. Fischer Verlag, Frankfurt/Main 1972.

Freud, S.: »Wild« psychoanalysis. *Standard edition* 12: 1-82. Hogarth, London 1910.

Gaddini, E.: Early defensive fantasies and the psychoanalytic process. *Int. J. Psa.* 63: 379-88 (1982).

Gaddini, E.: Notes on the mind-body question. *Int. J. Psa.* 68: 315-29 (1987).

Gaddini, R.: Transitional object origin and the psychosomatic symptom. In: S. Grolnick, L. Barkin und W. Muensterberger (Hrsg.): *Between reality and fantasy.* Aronson, Northvale 1978.

Gaddini, R.: I precursori dell'ogetto e dei fenomeni transizionali. *Rivista di Psicoanalisi* 32: 281-95 (1986).

Gaddini, R.: Early care and the roots of internalization. *Int. J. Psa.* 14: 321-32 (1987).

Gaddini, R.: Regression and its uses in treatment. In: L. B. Boyer und P. Giovacchini (Hrsg.): *Master clinicians.* Aronson, Northvale 1990.

Giovacchini, P. (Hrsg.): *Tactics and techniques of psychoanalytic therapy.* Aronson, Northvale 1972.

Green, A.: The analyst, symbolization, and absence in the psycho-analytic setting. *Int. J. Psa.* 56: 1-22 (1975).

Green, A.: *On private madness.* International Universities Press, New York 1986.

Greenacre, P.: Early psychical determinants in the development of the sense of identity. *J. Amer. Psa. Assoc.* 6: 612-27 (1958a).

Greenacre, P.: Toward an understanding of the physical nucleus of some defense reactions. *Int. J. Psa.* 39: 69-76 (1958b).

Grolnick, S., Barkin, L. und Muensterberger, W. (Hrsg.): *Between reality and fantasy.* Aronson, Northvale 1978.

Guntrip, H.: *Schizoid phenomena, object relations, and the self.* International Universities Press, New York 1968.

Hoffer, A.: The Freud-Ferenczi controversy – a living legacy. *Int. Rev. Psa.* 18: 465-72 (1991).

Kafka, J. S.: The body as a transitional object. A psychoanalystic study of a self-mutilating patient. *Brit. J. Med. Psych.* 42: 207-12 (1969).

Khan, M.: *The privacy of the self.* International Universities Press, New York 1974.

Klauber, J. u.a.: *Illusion and spontaneity in psychoanalysis.* Free Association, London 1987.

Laing, R. D.: *Das geteilte Selbst.* Übersetzt von Christa Tansella-Zimmermann. Verlag Kiepenheuer & Witsch, Köln 1974.

LeBoit, J. und Capponi, A. (Hrsg.): *Advances in the psychotherapy of the borderline patient.* Aronson, Northvale 1979.

Little, M.: Countertransference and the patient's response to it. *Int. J. Psa.* 32: 32-40 (1951).

Little, M.: »R« – The analyst's total response to the patient's needs. *Int. J. Psa.* 38: 240-54 (1957).

Little, M.: On Delusional Transference (transference psychosis). *Int. J. Psa.* 39: 1-5 (1958).

Little, M.: On Basic Unity. *Int. J. Psa.* 41: 377-84 (1960).

Little, M.: Transference in borderline states. *Int. J. Psa.* 47: 476-85 (1966).

Little, M.: Review of Harold Searles, *Collected papers on schizophrenia and related subjects* (1965). *Int. J. Psa.* 48: 112-17 (1967).

Little, M.: *Transference neurosis and transference psychosis. Toward basic unity.* Aronson, Northvale 1981.

Little, M.: Winnicott working in areas where psychotic anxietes predominate. A personal record. *Free Associations* 1: 9-42 (1985).

Little, M.: On the value of regression to dependence. *Free Associations* 10: 7-22 (1987).

Little, M.: *Psychotic anxieties and their containment.* Aronson, Northvale 1990.

Little, M. und Flarsheim, A.: Early mothering care and borderline psychotic states. In: P. Giovacchini (Hrsg.): *Tactics and techniques of psychoanalytic therapy.* Aronson, Northvale 1972.

Lomas, P.: *True and false experience.* Taplinger, New York 1973a.

Lomas, P.: The hopeful return to the past. In: 1973a.

Lomas, P.: *The limits of interpretation.* Aronson, Northvale 1990a.

Lomas, P.: A second attempt at parenting. In: 1990a.


McDougall, J.: *Theaters of the body.* Norton, New York 1989.

Mahler, M. S.: Thoughts about development and individuation. In: *Psychoanalytic Study of the Child.* Band 18. International Universities Press, New York 1968.

Mahler, M. S.: *Symbiose und Individuation.* Band 1: Psychosen im frühen Kindes-alter. Übersetzt von Hildegard Weller. Verlag Klett-Cotta, Stuttgart 1979.

Mahler, M. S.: A study of the separation-individuation process. In: *Psychoanalytic Study of the child.* Band 26. Quadrangle, New York 1971.

Mahler, M. S. und McDevitt, J. B.: Thoughts on the emergence of the sense of self with particular emphasis on the body self. *J. Amer. Psa. Assoc.* 30, 4: 827-48 (1982).

Mahler, M. S., Pine, F. und Bergmann, A.: *Die psychische Geburt des Menschen.* Übersetzt von Hilde Weller. S. Fischer Verlag, Frankfurt/Main 1978.

Milner, M.: *The hands of the living God.* Hogarth, London 1969.

Milner, M.: *The suppressed madness of sane men.* Tavistock, London 1987.

Modell, A.: *Object love and reality.* International Universities Press, New York 1968.

Modell, A.: The »holding environment« and the therapeutic action of psychoanaly-sis. *J. Amer. Psa. Assoc.* 24: 285-307 (1976).

Modell, A.: *Psychoanalysis in a new context.* International Universities Press, New York 1984a.

Modell, A.: On having the right to a life. In: 1984a.

Modell, A.: Self-psychology as a psychology of conflict. In: 1984a.

Modell, A.: Interpretation and symbolic actualizations of developmental arrests. In: 1984a.

Modell, A.: *Other times, other realities.* Harvard University Press, Cambridge 1990.

Ogden, T.: *The matrix of the mind.* Aronson, Northvale 1986.
Ogden, T.: *The primitive edge of experience.* Aronson, Northvale 1989.

Pontalis, J.-B.: *Frontiers in psychoanalysis. Between the dream and psychic pain.* International Universities Press, New York 1981.
Pontalis, J.-B.: The birth and recognition of the »self«. (1981a). In: 1981.

Reich, A.: A special variation on technique. *Int. J. Psa.* 39: 230-34 (1958).
Rey, J. H.: Schizoid phenomena in the borderline. In: LeBoit, J. und Capponi, A. (Hrsg.): *Advances in the psychotherapy of the borderline patient.* Aronson, Northvale 1979.
Rodman, F. R.: *The spontaneous gesture. Selected letters of D. W. Winnicott.* Harvard University Press, Cambridge 1987.
Rosenfeld, H.: On the treatment of psychotic states. An historical approach. *Int. J. Psa.* 50: 615-31 (1969).

Searles, H. F.: Phases of a patient-therapist interaction in the psychotherapy of chronic schizophrenia. (1961). In: 1965.
Searles, H. F.: Transference psychosis in the psychotherapy of schizophrenia (1963). In: 1965.
Searles, H. F.: *Der psychoanalytische Beitrag zur Schizophrenieforschung.* Übersetzt von Edwin Ortmann. Kindler Verlag, München 1974.
Searles, H.F.: Concerning the development of an identity (1966-67). In: 1979a.
Searles, H. F.: The patient as therapist to his analyst (1975). In: 1979a.
Searles, H. F.: *Countertransference and related subjects.* International Universities Press, New York 1979a.
Searles, H. F.: Countertransference as a path to understanding and helping the patient (1979b). In 1986.
Searles, H. F.: *My work with borderline patients.* Aronson, Northvale 1986.
Searles, H. F., Bisco, J. M., Coutur, G. und Scibetta, R. C.: Violence in schizophrenia (1973). In: Searles, H. F.: *Countertransference and related subjects.* International Universities Press, New York 1979.
Sechehaye, M. A.: *Symbolic realization.* International Universities Press, New York 1947.
Sechehaye, M. A.: The transference in symbolic realization. *Int. J. Psa.* 37: 270-77 (1956).
Stanton, M.: *Sandor Ferenczi. Reconsidering active intervention.* Aronson, Northvale 1991.
Stern, D.: *The interpersonal world of the infant.* Basic, New York 1985.
Stewart, H.: Technique at the basic fault regression. *Int. J. Psa.* 70: 221-30 (1989).
Stewart, H.: *Psychic experience and problems of technique.* Routledge, London 1992.

Tolpin, M.: On the beginning of a cohesive self. In: *Psychoanalytic Study of the Child.* Band 26. Quadrangle, New York 1971.

Weinshel, E.: Review of Margaret Little, *Transference neurosis and transference psychosis* (1981). *J. Amer. Psa. Assoc.* 33 Suppl.: 146-51 (1985).
Winnicott, D. W.: Primitive emotional development / Die primitive Gefühlsentwicklung (1945). In: 1958a.

Winnicott, D. W.: Hate in the countertransference / Haß in der Gegenübertragung (1947). In: 1958a.

Winnicott, D. W.: Mind and its relation to the psyche-soma / Die Beziehung zwischen dem Geist und dem Leib-Seelischen (1949b). In: 1958a.

Winnicott, D. W.: Birth memories, birth trauma, and anxiety (1949 b). In: 1958a.

Winnicott, D. W.: Aggression in relation to emotional development / Die Beziehung zwischen Aggression und Gefühlsentwicklung (1950). In: 1958a.

Winnicott, D. W.: Transitional objects and transitional phenomena / Übergangsobjekte und Übergangsphänomene (1951). In: 1958a.

Winnicott, D. W.: Anxiety associated with insecurity / Angst gepaart mit Unsicherheit. (1952). In: 1958a.

Winnicott, D. W.: Withdrawal and regression / Zustände von Entrückung und Regression (1954a). In: 1958a.

Winnicott, D. W.: Metapsychological and clinical aspects of regression within the psycho-analytic set-up / Metapsychologische und klinische Aspekte der Regression im Rahmen der Psychoanalyse (1954b). In: 1958a.

Winnicott, D. W.: Clinical varieties of transference / Klinische Varianten der Übertragung (1955). In: 1958a.

Winnicott, D. W.: Primary maternal preoccupation / Primäre Mütterlichkeit (1956). In: 1958a.

Winnicott, D. W.: *Collected papers. Through paediatries to psychoanalysis.* Basic, New York 1958a. */ Von der Kinderheilkunde zur Psychoanalyse.* Übersetzt von Gudrun Theusner-Stampa. Kindler Verlag, München 1976.

Winnicott, D. W.: The capacity to be alone (1958b). In: 1965.

Winnicott, D. W.: The theory of the parent-infant relationship (1960a). In: 1965.

Winnicott, D. W.: Counter-transference (1960b). In: 1965.

Winnicott, D. W.: Ego distortion in terms of true and false self (1960c). In: 1965.

Winnicott, D. W.: Ego integration in child development (1962). In: 1965.

Winnicott, D. W.: The development of the capacity for concern (1963a). In: 1965.

Winnicott, D. W.: Communicating and not communicating leading to a study of certain opposites (1963c). In: 1965.

Winnicott, D. W.: From dependence toward independence in the development of the individual (1963c). In: 1965.

Winnicott, D. W.: Dependence in infant-care, in child-care, and in the psycho-analytic setting (1963d). In: 1965.

Winnicott, D. W.: *The maturational processes and the facilitating environment.* International Universities Press, New York 1965./*Reifungsprozesse und fördernde Umwelt.* Übersetzt von Gudrun Theusner-Stampa. S. Fischer Verlag, Frankfurt/Main 1984.

Winnicott, D. W.: The mother-infant experience of mutuality. In: E. Anthony and T. Benedek (Hrsg.): *Parenthood. Its psychology and psychopathology.* Little, Brown and Co., Boston 1969a.

Winnicott, D. W.: The use of an object and relating through identifications / Objektverwendung und Identifizierung (1969b). In: 1971a.

Winnicott, D. W.: *Playing and Reality.* Basic, New York 1971a. */ Vom Spiel zur Kreativität.* Übersetzt von Michael Ermann. Verlag Klett-Cotta, Stuttgart 1987.

Winnicott, D. W.: Playing. Creative activity and the search for the self / Spielen – schöpferisches Handeln und die Suche nach dem Selbst (1971b). In: 1971a.

Winnicott, D. W.: Creativity and its origins / Kreativität und ihre Wurzeln (1971c). In: 1971a.

Winnicott, D. W.: Mirror-role of mother and family in child development / Die Spiegelfunktion von Mutter und Familie in der kindlichen Entwicklung (1971d). In: 1971a.

Winnicott, D. W.: Interrelating apart from instinctual drive and in terms of cross-identifications / Kreuzidentifizierung und zwischenmenschliche Beziehungen (1971e). In: 1971a.

Winnicott, D. W.: Letter to Mme. Jeannine Kalmanovitch. *Nouvelle Revue de Psychoanal.* 3: 47-48 (1971f.).

Winnicott, D.W.: Basis for self in the body. *Int. J. Child Psychother.* 1 (1): 7-16 (1972).

Winnicott, D. W.: Fear of breakdown. *Int. Rev. Psa.* 1: 103 – 107 (1974).

Winnicott, D. W.: *Human nature.* Schocken, New York 1988. / *Die menschliche Natur.* Verlag Klett-Cotta, Stuttgart 1994.

Wright, K.: *Vision and separation.* Aronson, Northvale 1991.

# Namenregister

# Verena Kast im dtv

Verena Kast verbindet auf einfühlsame und auch für Laien verständliche Weise die Psychoanalyse C. G. Jungs mit konkreten Anregungen für ein ganzheitliches, erfülltes Leben.

**Der schöpferische Sprung**
Vom therapeutischen Umgang mit Krisen
dtv 35009

**Imagination als Raum der Freiheit**
Dialog zwischen Ich und Unbewußtem
dtv 35088

**Die beste Freundin**
Was Frauen aneinander haben
dtv 35091

**Die Dynamik der Symbole**
Grundlagen der Jungschen Psychotherapie
dtv 35106

**Freude, Inspiration, Hoffnung**
dtv 35116

Märcheninterpretationen

**Mann und Frau im Märchen**
Eine psychologische Deutung · dtv 35001
Fünf Märcheninterpretationen, ergänzt um vergleichbare Fälle aus der psychotherapeutischen Praxis

**Wege zur Autonomie**
dtv 35014
Fünf Märchen, die uns Entwicklungswege aus Autonomiekrisen weisen

**Wege aus Angst und Symbiose**
Märchen psychologisch gedeutet · dtv 35020
Innere Freiheit und Selbstentfaltung in der Beziehung zwischen Mann und Frau

**Märchen als Therapie**
dtv 35021
Über die heilende Funktion von Märchen in der therapeutischen Praxis

**Familienkonflikte im Märchen**
Eine psychologische Deutung · dtv 35034
Fünf Märchen, die verborgene Lösungsansätze enthalten, verknüpft mit Beispielen aus der Praxis

# C.G. Jung – Taschenbuchausgabe

Herausgegeben von Lorenz Jung auf der Grundlage
der Ausgabe 'Gesammelte Werke' dtv 59016
Auch einzeln erhältlich

## Die Beziehungen zwischen dem Ich und dem Unbewußten
dtv 35120
Ein Überblick über die Grundlagen der Analytischen Psychologie

## Antwort auf Hiob
dtv 35121
In diesem Spätwerk wirft Jung Grundfragen der religiösen Befindlichkeit des Menschen auf.

## Typologie
dtv 35122
Die vier "Funktionen" der Jungschen Typenlehre – Denken, Fühlen, Empfinden und Intuition – werden hier dem extravertierten und dem introvertierten Typus zugeordnet.

## Traum und Traumdeutung
dtv 35123

## Synchronizität, Akausalität und Okkultismus
dtv 35124
Jungs Beschäftigung mit dem Okkulten, auf der Suche nach den Tiefendimensionen des Unbewußten

## Archetypen
dtv 35125

## Wirklichkeit der Seele
dtv 35126
Eine Aufsatzsammlung zu Themenbereichen, die von der Analytischen Psychologie beeinflußt werden

## Psychologie und Religion
dtv 35127
C.G. Jung beschreibt Religion als eine der ursprünglichsten Äußerungen der Seele gegenüber dem Göttlichen.

## Psychologie der Übertragung
dtv 35128
Die Übertragung, einer der Zentralbegriffe der Analytischen Psychologie, wird hier umfassend erklärt.

## Seelenprobleme der Gegenwart
dtv 35129
In dieser Aufsatzsammlung stellt Jung die Grundfragen der modernen praktischen Psychologie dar.

## Wandlungen und Symbole der Libido
dtv 35130
Das zentrale Werk, mit dem sich C.G. Jung von Sigmund Freud löste